Alter Angeber!

Leinenaggression bei Hunden verstehen und beheben

Patricia B. McConnell
Karen B. London

KYNOS VERLAG

Titel der englischen Originalausgabe: *Feisty Fido*
Help For The Leash Aggressive Dog

Aus dem Englischen übertragen von Gisela Rau

Titelbild: Dog's Best Friend, Ltd.

KYNOS VERLAG Dr. Dieter Fleig GmbH
Konrad-Zuse-Straße 3 • D – 54552 Nerdlen / Daun
Telefon: +49 (0) 6592 957389-0
Telefax: +49 (0) 6592 957389-20
www.kynos-verlag.de

3. Auflage 2009

Gedruckt in China

ISBN 978-3-938071-53-3

EINLEITUNG

In jeder Nachbarschaft gibt es mindestens einen »alten Angeber«, der viel Chaos anrichten kann, denn er bellt und zerrt wütend an der Leine, wenn er nur einen anderen Hund sieht. Schlimm genug, wenn der Hund von jemand anderem Ihre Wohngegend terrorisiert, aber noch schlimmer, wenn Ihr eigener Hund der Schwerenöter ist. Sicher möchten Sie, dass Ihr Hund sich höflicher aufführt, wissen aber nicht, wie Sie ihn dazu bringen sollen. Viele Besitzer solcher Hunde wagen sich irgendwann gar nicht mehr zum Spazierengehen auf die Straße. Es entsteht ein Teufelskreis – mangelnde Bewegung und mangelnde geistige Anreize führen zu einem Hund, der schwieriger unter Kontrolle zu halten ist, wenn man mit ihm spazieren geht. Die Spaziergänge werden also immer weniger und die Probleme immer mehr. Oh je ... das könnte durchaus einer dieser Momente sein, an denen man sich als Hundehalter fragt, warum man sich eigentlich überhaupt je einen Hund angeschafft hat.

Falls diese Beschreibung auf Ihren Hund zutrifft: Kein Grund zur Verzweiflung! Es gibt eine Menge guter Neuigkeiten für Menschen, deren Hunde sich daneben benehmen, wenn sie draußen anderen Hunden begegnen. Wenn Ihr Hund beim Spazierengehen an der Leine andere Hunde anbellt und dabei nach vorne zerrt, dann lassen Sie sich vor allem versichern, dass Sie mit diesem Problem nicht allein sind. Dieses Verhaltensproblem kommt sehr häufig vor, sogar bei Hunden, die problemlos mit anderen spielen, wenn sie frei auf einer Wiese oder im Park laufen dürfen.

Auch wenn Leinenaggression gegen andere Hunde anfangs für Probleme ohne Ende sorgen kann, ist sie doch eins unserer Lieblings-Verhaltensprobleme, weil sie in der Therapie eine so hohe Erfolgsquote hat. Fast alle Hunde, die an der Leine vorbeigehende andere Hunde aggressiv anbellen, anspringen und bedrohen, können »Straßenmanieren« lernen, sodass die stressigen Spaziergänge wieder entspannt werden können.

Seien Sie sich aber auch darüber im Klaren, dass dieses kleine Buch nicht dazu gedacht ist, Hunde zu produzieren, die sich in jeder Situation mit allen anderen Hunden gut vertragen. Wenn Ihr Hund auch dann Aggressionen gegen Artgenossen zeigt, wenn er frei und unangeleint ist, dann wird dieses Buch aus ihm nicht den Typ machen, der in jeder Hundetagesstätte der Liebling ist. Was Sie mit unserer Hilfe auf den folgenden Seiten aber erreichen können, ist, dass Sie mit Ihrem angeleinten Hund in der Nähe anderer Hunde spazieren gehen können, sei es den Bürgersteig entlang oder auf dem Weg zur Tierarztpraxis. Sie werden erreichen, dass Ihr Hund höflich an anderen Hunden vorbeigeht, anstatt jedes Mal eine Szene zu machen.

Warum macht mein Hund das?

Wir können nicht mit Gewissheit sagen, warum so viele Hunde an der Leine grob und aggressiv werden, wenn sie an anderen Hunden vorbeigehen sollen, aber wir können ein paar wohlbegründete Vermutungen anstellen. Manche Hunde haben offenbar das Gefühl, in der Falle zu sitzen, wenn sie angeleint sind und sich ein anderer Hund nähert.

Wenn man eigentlich Angst hat, ist es das Schlimmste überhaupt, sich auch noch verletzlich zu fühlen – und ein angeleinter Hund weiß, dass er nicht weglaufen kann. Hunde, die aus diesem Grund wütend auf andere Hunde losschießen, handeln nach dem Motto »Angriff ist die beste Verteidigung« und »Ich kriege dich, bevor du mich kriegst.«

Es gibt viele Gründe dafür, warum Hunde vor anderen Hunden, die ihnen unterwegs begegnen, Angst haben können. Manche haben vielleicht bereits schlechte Erfahrungen gemacht, andere wurden vielleicht nie richtig mit fremden Hunden sozialisiert und fühlen sich nur in der Nähe von Hunden wohl, die sie kennen. Wieder andere sind von Natur aus scheu gegenüber anderen Hunden, obwohl die Besitzer sich viel Mühe mit der Sozialisation gegeben haben. Die Genetik spielt in allen Bereichen des Hundeverhaltens eine große Rolle. Besonders Scheu ist in hohem Maße erblich, sodass selbst gut sozialisierte Hunde mit diesem Merkmal ängstlich gegenüber fremden Hunden bleiben können. Aber egal, ob frühe Umwelterfahrungen oder Genetik schuld sind (vermutlich eher beides zusammen) – wichtig zu wissen ist: Hunde, die grundsätzlich misstrauisch gegenüber sich nähernden fremden Hunden sind, können mit Bellen und Attackierversuchen auf einen Hund reagieren, der ihnen Angst macht. Nur, weil ein Hund auf andere bedrohlich und furchterregend wirkt, heißt das noch lange nicht, dass er nicht auch selbst Angst hat. (Der Hund auf dem Titelbild mit seinen weit aufgerissenen Augen ist übrigens ein perfektes Beispiel dafür.)

Aber nicht alle reaktiven Hunde handeln aus Angst vor anderen Hunden so. Manche regen sich auch aus anfänglicher Freude so auf, wenn sie einen anderen Hund sehen, dass sie sich in einen regelrechten Wahn hineinsteigern. Wenn sie mit dem anderen keinen Kontakt aufnehmen können, drehen sie sich so in eine Spirale der Aufregung hinein, dass nicht nur die Besitzer keine Kontrolle mehr über sie haben, sondern auch sie selbst ihre Reaktionen nicht mehr im Griff haben. Ein hohes Maß an gefühlsmäßiger Erregung kombiniert mit Frustration ist ein häufiger Faktor, der manche Hunde dazu bewegt, andere anzubellen und in deren Richtung loszuspringen. Anfangs springt der Hund vielleicht nur nach vorn, weil er gern mit dem anderen Hund spielen möchte, aber wenn er dann wieder und wieder von der Leine aufgehalten wird, lernt er möglicherweise, die Annäherung eines anderen Hundes mit Frustration zu assoziieren. Und wie wir alle von uns selbst wissen, kann Frustration Aggression genauso anheizen wie Öl, das man ins Feuer gießt.

Das perfekte Beispiel dafür sind genervte, frustrierte, aggressive Autofahrer. Es kann also sein, dass der Hund anfangs nur mit einem Kumpel spielen will, aber sich seine ganze Energie und Frustration nach Monaten und Jahren des Festgehaltenwerdens in einen wahren Hexenkessel unkontrollierter Gefühle verwandelt. Ein Hund mit der Neigung, sich schnell aufzuregen und Frustrationen schlecht zu ertragen, kann den abendlichen Spaziergang für seinen Besitzer zu einem wahren Albtraum werden lassen. Leider können manche Hunde mit diesen Neigungen wirklich ernsthaft aggressiv werden und lassen vielleicht irgendwann ihre Frustration an irgendeinem unglücklichen Hund aus, der zufällig gerade zu nahe kam.

Eine andere Erklärung für das aggressive Verhalten gegen Artgenossen an der Leine ist eine mögliche erlernte Assoziation zwischen dem Anblick eines Hundes und dem unangenehmen Gefühl, vom Halsband gewürgt zu werden. Man kann sich gut vorstellen, was ein solcher Hund in etwa denken würde, wenn er denn so denken würde wie wir: »Immer wenn ich an der Leine bin und einen anderen Hund sehe, wird mir wehgetan. Am besten begegne ich heute überhaupt keinen Hunden. Oh nein, Mist, da kommt einer! HEJ DU DA! Bleib mir vom Leib! Rrrrrrrr ... wau wau wau (und einiges, das besser ungedruckt bleibt). Wenn du mir näher kommst, tut man mir weh!« Leider wird vielen Hundebesitzern geraten, sie sollten jedes Mal streng an der Leine rucken, wenn ihr Hund sich auf einen anderen Hund zubewegt oder ihn anknurrt. Das aber verstärkt leider nur den Argwohn des Hundes gegenüber anderen Hunden und macht alles noch schlimmer. Davon abgesehen führt die dramatische Szene, die der Hund aufführt, meistens auch noch dazu, dass der andere Hund weggeht – so hat er trotz der Leinenkorrektur letzen Endes erreicht, was er wollte.

Andererseits gibt es aber auch Hunde, die einfach Grobiane und Bulldozer-ähnliche Typen sind und offenbar Spaß an ihrer eigenen groben Angeberei haben. Diesem Typ von Hund kann man eine höflichere Reaktion beibringen, aber es ist schwieriger, ihn auch in Situationen ohne Leine künftig zu besserem Verhalten gegenüber anderen Hunden zu bewegen.

Hunde, die wenig Erfahrung mit anderen Hunden haben, lernen auch oftmals nur schwierig, wie man denn richtig spielt. Höfliches Spielen von unangeleinten Hunden untereinander ist ein Thema, das ein eigenes Buch verdienen würde und den Rahmen dieses Büchleins sprengt. Falls Sie aber einen Hund besitzen, der sich sowohl unangeleint rüpelhaft benimmt als auch an der Leine andere anbellt, dann sorgen Sie unter allen Umständen dafür, zuerst das Verhalten an der Leine zu ändern, ehe Sie zum nächsten Schritt übergehen.

Was also soll der Besitzer tun?

Auf gewisse Weise ist die Lösung einfach. Bellen und Attackieren sind nur eine der möglichen Reaktionen auf die Anwesenheit eines anderen Hundes, und so gut wie jedem Hund kann man auch eine andere Reaktion beibringen. Viele Hunde, die sich so benehmen, scheinen sich gar nicht darüber im Klaren zu sein, dass es auch Alternativen gibt, so, als ob sie nur ein einziges Softwareprogramm installiert hätten. Viele Hunde nehmen es aber dankbar an, wenn man ihnen eine alternative Reaktion zeigt und manche scheinen sogar regelrecht erleichtert darüber zu sein. Wenn Sie Ihrem Hund zum Beispiel beibringen, auf den Anblick eines anderen Hundes damit zu reagieren, dass er Sie anschaut anstatt auf den anderen zuzustürzen, haben Sie Ihr Problem im Grunde gelöst. Klingt einfach und ist es in gewisser Hinsicht auch. Aber hören Sie noch nicht zu lesen auf: »Einfach« ist nicht das gleiche wie »leicht«. Wie kompliziert ist der Vorgang, einen Golfball in ein Loch im Boden zu befördern? Es ist ganz simpel zu beschreiben, aber man braucht viel Erfahrung und Übung, damit man es immer und unter verschiedenen Bedingungen schafft. Ihrem Hund beizubringen, Sie jedes Mal beim Anblick eines anderen Hundes anzuschauen, verlangt genauso viel Übung wie das Golfspielen, bis sowohl Ihre Reaktionen als auch die Ihres Hundes automatisch geworden sind.

Wir besprechen in diesem kleinen Buch zwei verschiedene Verhaltensalternativen, die Ihr Hund lernen kann – und die er dann irgendwann vorführreif jedes Mal zeigen wird, wenn er einen anderen Hund sieht. Sie werden lernen, wann und wo Sie welche davon am besten einsetzen, damit Sie immer wissen, was zu tun ist, wenn Sie einen anderen Hund treffen. Wir haben auch Rat für Besitzer, deren Hunde so große Angst vor anderen Hunden haben, dass sie diese noch nicht einmal ansehen wollen oder dazu, was Sie tun sollen, wenn Sie auf einen frei laufenden Hund treffen und wie Sie Ihre Spaziergänge planen, damit Sie diesen verflixten Begegnungsdramen auf dem Bürgersteig aus dem Weg gehen.

Alle hier vorgestellten Ideen wurden über viele Jahre hinweg in der Arbeit mit Kunden und ihren leinenaggressiven Hunden entwickelt und erprobt. All diese Jahre und all diese Kunden haben uns vor allem eins gelehrt, nämlich dass die Hunde sich besser benehmen, wenn sie und ihre Besitzer eher an der Perfektionierung einiger weniger grundlegender Übungen arbeiten anstatt viele verschiedene Signale zu lernen, die alle nur manchmal funktionieren. Zunächst mag es so aussehen, als ob diese Übungen zu simpel seien, um wirklich nützen zu können. Sie klingen in

Ihren Ohren vielleicht ein bisschen so wie »Nehmen Sie zwei Aspirin und rufen Sie mich morgen wieder an.« Aber nochmals: »Simpel« heißt nicht »leicht«! Das Verzwickte in unserem Fall liegt darin, die Übungen unter allmählich, aber ständig steigenden Ablenkungsreizen aus der Umwelt zu trainieren. Am meisten helfen Sie Ihrem Hund, wenn Sie immer ganz genau wissen, wie stark die Ablenkungen derzeit für ihn sind, unter denen Sie von ihm Mitarbeit verlangen und wenn Sie realistische Erwartungen dazu haben, was er in unterschiedlichen Situationen leisten kann. Wenn Sie sich Schritt für Schritt durch steigende Ablenkungen hindurcharbeiten, werden Sie beide irgendwann auch mit der Art von überraschenden Begegnungen zurechtkommen, die Ihnen jetzt noch jeden Feierabend verdirbt.

Die Zukunftsperspektive

Und so könnte Ihr Leben aussehen, wenn Sie und Ihr Hund sich an den Plan halten:

Wenn Ihr Hund einen anderen Hund kommen sieht, wird er automatisch von diesem weg und zu Ihnen hochschauen, ohne dass Sie etwas sagen müssen. Wir nennen das gern den »Selbstgucker«. Es ist absolut irre, wie viele Hunde das lernen können – selbst solche, die sich vorher wie komplett Wahnsinnige benommen haben, wenn sie einen anderen Hund nur von weitem gesehen haben. Mit etwas Zeit werden die meisten Hunde lernen, höflich an einem anderen Hund vorbeizugehen und dabei auf ihre Besitzer zu achten. Und falls ein anderer Hund da auftauchen sollte, wo Sie am wenigsten mit ihm rechnen, dann drehen Sie und Ihr Hund sich einfach nonchalant um und schreiten in die andere Richtung. (Wir nennen das Kehrtwende.) Nehmen wir zum Beispiel einmal an, Sie werden von einem Hund überrascht, der Ihnen um die Ecke entgegenkommt und nur noch ein paar Schritte von Ihnen entfernt ist. Kein Bellen und Zerren von Ihrem wohlerzogenen Hund, der willig an Ihrer Seite den Schwierigkeiten aus dem Weg geht und eine Konfrontation vermeiden hilft, anstatt sich an einer zu beteiligen.

Sie und Ihr Hund werden einen Notfallplan für den Fall haben, dass frei laufende Hunde auf Sie zugerannt kommen (das »Not-Sitz und Bleib«). Ihr Hund wird sich verlässlich hinter Sie setzen und dort bleiben, während Sie Ihre neu erworbenen Fähigkeiten an den auf Sie zustürmenden Hunden anwenden. Ihr Hund wird in jeder Situation mehr emotionale Stabilität haben und sich nicht mehr in eine endlose Spirale der Aufregung hineinsteigern.

Bereiten Sie sich vor

Beginnen Sie mit einer Überprüfung Ihres Handwerkzeugs und fragen Sie sich, ob Ihr Halsband-Leinen-System Ihnen hilft oder eher gegen Sie arbeitet. Verwenden Sie unbedingt eine Leine, die Ihnen die beim Training Ihres Hundes nötige Präzision erlaubt. Wir empfehlen Leder- oder Nylonleinen von etwa zwei Metern Länge. Machen Sie einen Bogen um Ausziehleinen aller Art, denn sie geben Ihnen nicht die Kontrolle, die Sie brauchen, um Ihren reaktiven Hund aus Schwierigkeiten herauszuhalten.

Noch wichtiger bei der Arbeit mit einem reaktiven Hund ist das Halsband, machen Sie sich also auch darum ein paar Gedanken. Halsbänder mit Strafwirkung wie Stachel- oder Würgehalsbänder können die Sache schlimmer machen – wir meiden sie wie die Pest.

Eine viel bessere Alternative, die bei fast allen Hunden funktioniert, ist ein Halti®, das aussieht und funktioniert wie ein Kopfhalfter beim Pferd. Weil es den Kopf des Hundes kontrolliert, ermöglicht es Ihnen damit eine humane Kontrolle über das gesamte Verhalten Ihres Hundes. Mit einem Kopfhalfter nutzen Sie nicht nur die Gesetze der Physik zu Ihren Gunsten, sondern Sie vermeiden auch, dass bei einem Hund, der schon eine Assoziation zwischen der Annäherung eines Hundes und dem Gefühl des Gewürgtwerdens am Hals gebildet hat, eine unerwünschte Reaktion ausgelöst wird. Kopfhalfter sind außerdem sicherer, weil der von normalen Halsbändern ausgeübte Druck ernsthafte Schäden an Kehle und Wirbelsäule Ihres Hundes anrichten kann.

Wenn Sie zu einem Kopfhalfter wechseln, dann erwerben Sie es von jemand, der sich mit seinem Gebrauch auskennt, denn das richtige Anpassen ist sehr wichtig. Die meisten Hunde kommen gut damit zurecht, aber alle müssen sich erst in Ruhe an die neuen Strippen und Riemen um ihren Kopf gewöhnen können, bevor sie damit spazieren gehen. Nur ein kleiner Prozentsatz von Hunden akzeptiert Kopfhalfter gar nicht oder hat Verletzungen an Hals oder Wirbelsäule, die ihren Gebrauch ausschließen. Bei solchen Hunden funktionieren oft spezielle Führgeschirre gut, bei denen der Ring für die Leine nicht oben auf dem Rücken, sondern vorn auf der Brust angebracht ist. So wird dem Ziehen an der Leine vorgebeugt, das die üblichen Geschirre eher fördern. Manche Hunde kommen damit besser zurecht als mit Kopfhalftern und akzeptieren sie schnell.

Wenn Sie einen kleinen Hund haben, kann auch ein normales Geschirr gut funktionieren, bei dem die Leine am Rücken befestigt wird. Wenn Ihr Hund schwerer als sechs bis zehn Kilo ist, versetzt ihn ein normales Geschirr aber nur in die Lage, zu ziehen wie ein Ackergaul. Halsbänder mit so genanntem Martingale-Verschluss können sinnvoll für Hunde sein, die zu groß für Geschirre sind, aber kein Kopfhalfter akzeptieren. Sie ziehen sich bei Belastung nur so weit zu, dass sie zwar fest um den Hals des Hundes sitzen und dieser nicht herauskann, sie aber keine Schäden verursachen können. Die richtige Weite muss vorher eingestellt werden. Der Nachteil ist, dass Hunde damit immer noch eine Assoziation zwischen »Zug am Hals« und »fremdem Hund« lernen können, probieren Sie also zuerst andere Alternativen aus.

Bei einigen sehr reaktiven Hunden funktioniert es in der Anfangsphase des Trainings am besten, wenn der Halter mit zwei Leinen gleichzeitig arbeitet – eine am normalen Schnallenhalsband und die andere am Kopfhalfter. Dieses System bietet mehr Sicherheit – wir haben schon mehrfach erlebt, wie stabil aussehende Leinen zerrissen sind. Bei manchen Hunden kann also eine zusätzliche Sicherung nicht schaden. Natürlich hat der Besitzer mit den zwei Leinen auch mehr zu sortieren, was wiederum ein Nachteil ist. Wenn Ihr Hund gerne versucht, sich aus dem Halsband zu ziehen, können Sie ein Halsband mit Martingale-Verschluss zusammen mit einem Kopfhalfter verwenden und die Leine aus Sicherheitsgründen an beidem befestigen.

Wenn ein Hund schon einmal einen anderen Hund verletzt hat oder seine Aggression auf den Besitzer umgeleitet und diesen gebissen hat, kann ein Maulkorb in den späteren Trainingsphasen eine Hilfe sein. Der Hund muss aber mit vielen Leckerchen sorgfältig daran gewöhnt werden und darf den Maulkorb anfangs nur sehr kurz tragen (wenige Sekunden!), damit er lernt, ihn zu tolerieren oder sogar zu mögen. Er muss gut passen, damit er für den Hund bequem ist und dieser frei atmen kann.

Befestigen Sie den Kopfriemen des Maulkorbs zusätzlich am normalen Halsband Ihres Hundes, damit er nicht mit den Pfoten abgestreift werden kann. Passen Sie immer auf, dass ein Hund mit Maulkorb sich nicht überhitzt. Hunde müssen ihren Fang öffnen können, um sich abzukühlen, weshalb Sie Maulkörbe nicht an heißen Tagen, bei größerer Anstrengung oder für kurznasige Rassen verwenden sollten, die ohnehin schon Schwierigkeiten mit der normalen Atmung haben.

Im Anfangsstadium des Trainings arbeiten wir nie mit Maulkörben, weil sie nicht nötig sind, wenn die Hunde noch weit voneinander entfernt sind. Sobald sich die Hunde aber nahe kommen, können sie sowohl für die Besitzer als auch für die Hunde eine große Hilfe sein.

Gehen Sie nie ohne Leckerchen aus dem Haus!

Gute Futterbelohnungen oder interessante Hundespielsachen sind für den Trainingserfolg unerlässlich. Sie müssen mit einer beeindruckend starken Konkurrenz um die Aufmerksamkeit Ihres Hundes kämpfen, also ziehen Sie nicht mit ein paar krümeligen Hundekeksen oder ein paar Bröckchen Trockenfutter bewaffnet los.

Sie müssen erreichen, dass Ihr Hund wirklich unbedingt und dringend das haben möchte, was Sie da Tolles in der Tasche haben. Machen Sie sich also ein paar Gedanken, welche Art von Futterbelohnung Sie im Training einsetzen. Ein häufiger Fehler ist, es mit einem zweit- oder drittklassigen Leckerchen zu versuchen und dann aus dem Ergebnis zu schließen, dass der Hund sich nichts aus Futterbelohnung macht. Außerdem kann es sein, dass Ihr Hund nach einem mittelmäßigen Leckerchen ganz verrückt ist, solange er sich im Wohnzimmer befindet, das gleiche Leckerchen aber draußen im Garten ignoriert. Suchen Sie also etwas aus, das Ihr Hund unter allen möglichen Umständen haben möchte. Immerhin ist »Futter« ein ziemlich weiter Begriff. Ist nicht auch Ihre eigene Reaktion auf altes Brot eine andere als auf warme, frische, duftende Zimtröllchen? Auch Ihr Hund hat Vorlieben! Experimentieren Sie also cin bisschen herum und finden Sie heraus, was für ihn der Gipfel der Genüsse ist und arbeiten Sie dann damit in den nachfolgenden Übungen. Dabei hat immer Ihr Hund das letzte Wort darüber, was ein gutes Leckerchen ist und was nicht. Wenn er Hühnchen liebt und sich von Leber abwendet, dann versuchen Sie es mit Leber nicht weiter, nur weil schließlich »alle Hunde Leber mögen«. Vielleicht hat Ihrer das Kapitel nicht gelesen, in dem es heißt »alle Hunde mögen Leber«, wird Ihnen aber gerne mitteilen, was er stattdessen mag. Egal, was die schlauen Bücher dazu sagen. Ihr Hund wird diese Versuchsreihe heiß und innig lieben und Ihnen aus tiefstem Herzens dafür danken, dass Sie dieses Buch gekauft haben.

Verstauen Sie die Leckerchen für das Training so, dass Sie im Bedarfsfall augenblicklich darauf zugreifen können. Versuchen Sie es mit einer Tasche, die am Gürtel oder um Ihre Hüfte befestigt wird und die Sie schnell öffnen und schließen können – die mit anderen Worten keinen Reißverschluss hat. Unsere Lieblingstaschen sind solche, die sich mit einer Hand öffnen und verschließen lassen. Sie sind über das Internet oder im guten Hunde-Versandhandel erhältlich (häufig unter der Kategorie »Clicker-Training Zubehör«).

Achten Sie darauf, dass die verwendeten Leckerchen auch gesund für Ihren Hund sind und dass sie kein Übergewicht fördern. Gute Möglichkeiten sind gekochtes Hähnchenfleisch, gekochtes Rindfleisch, gekochte Leber, leicht gedünstetes Gemüse wie Karotten oder Erbsen (unsere Hunde lieben Erbsen!). Es gibt auch gute fertige Leckerchen zu kaufen, aber suchen Sie unbedingt etwas aus, das Sie gut in kleine Stückchen aufteilen können. Es kann im Training nötig werden, dass Sie Ihrem Hund fünfundzwanzig Belohnungen innerhalb weniger Minuten geben müssen, also müssen die Stückchen wirklich klein sein. Wenn Ihr

Hund zu den eher leichtfuttrigen Typen gehört und Sie viel trainieren, dann reduzieren Sie seine Futterration entsprechend ein wenig. Üben Sie möglichst nicht mit einem satten Hund – ein kleines bisschen Hunger kann Ihnen sehr entgegen kommen!

Trotzdem sind Futterbelohnungen nicht für alle Hunde die beste Wahl. Manche würden alles dafür tun, ihrem Ball nachjagen zu können, mit Ihnen Seilzerren zu spielen oder auf ihrem Quietschespielzeug herumzubeißen. Wenn Sie einen ballverrückten Hund haben, ist Ihnen das vielleicht schon aufgefallen, ansonsten kann ein Versuch nie schaden: Nehmen Sie ein Stück gekochtes Hühnchen in die eine und einen Tennisball in die andere Hand. Ihr Hund wird Ihnen schon sagen, was er lieber mag. Die meisten Hunde wählen das Futter (wenn es gut genug ist), aber wenn Ihr Hund verrückt nach Spielzeugen ist, dann nehmen Sie unbedingt die Spielzeuge! Wenn Sie das Lieblingsspielzeug darüber hinaus nur für die Trainingsstunden mit Ihnen reservieren, machen Sie es sogar noch interessanter für Ihren Hund.

Sobald das Verhalten, an dem Sie arbeiten, sich gut gefestigt hat, sollten Sie die Art der Bestärkung variieren, die Sie Ihrem Hund geben. Wir wechseln gerne zwischen Leckerchen, Stimmlob und Spiel ab, damit der Hund lernt, sich »gut zu fühlen« anstatt immer nur das Gleiche zu erwarten, wenn er Ihren Wünschen nachkommt. Nehmen Sie in den Anfangsphasen immer das, wofür Ihr Hund am liebsten arbeitet, aber ersetzen Sie es später in den einfacheren Situationen auch immer wieder einmal durch andere Dinge. Vergessen Sie nicht, dass auch Ihre Stimme eine wunderbare Belohnung für den Hund sein kann, auch wenn sie in der Anfangsphase des Trainings selten ausreicht, um ihn wirklich zu motivieren. Selbst dann nicht, wenn Sie eine Stimme haben wie Pavarotti. Schließlich sprechen Sie den ganzen Tag lang zu Ihrem Hund – aber wie oft bekommt er Hähnchen? Aus Gründen der Einfachheit werden wir auf den folgenden Seiten »Belohnung« als Sammelbegriff für das sagen, was für Ihren Hund am besten als Bestärkung funktioniert – sei es Futter oder das Spielen mit einem Lieblingsspielzeug.

Jetzt, wo Sie wissen, wofür Ihr Hund zu arbeiten bereit ist, sind Sie so weit: Sie können mit der ersten Übung beginnen, die da lautet: Bringen Sie Ihrem Hund bei, sich jedes Mal dann, wenn er einen anderen Hund sieht, umzudrehen und Sie anzuschauen.

»SCHAU« – EINE KLEINE ÜBUNG MIT GROSSER WIRKUNG

Cindy und ich hatten keine Zeit, uns gegenseitig anzuschauen. Aber wenn, dann hätten wir beide blanke Angst im Gesicht der anderen gesehen. Cindys Weimaraner Astro stand brav an der Leine neben uns, aber die beiden außer Kontrolle geratenen Golden Retriever, die direkt auf uns zu galoppierten, waren Vorboten für drohendes Unheil. Astro und Cindy waren wegen ernsthafter Aggression gegen andere Hunde zu mir gekommen, und in der Vergangenheit hätte dieses Szenario in einem Haufen Zähne und Probleme geendet. Aber Cindy sagte im Bruchteil einer Sekunde »Astro, schau!«, und als die Goldens nur noch Zentimeter von ihrem großen, grauen Rüden entfernt waren, schaute er tatsächlich zu ihr hoch. Er drehte seinen Fang ihrem Gesicht zu und hielt Blickkontakt mit ihr, während ich den einen Hund abblockte und den anderen eine Kehrtwende machen sah. Astro wackelte kaum mit einem Ohr. Er schaute weiterhin Cindy an, während ich die Goldens umzingelte und von uns wegtrieb. »Okay« sagte Cindy. Astro löste seinen Blick von ihrem Gesicht und drehte sich ruhig um, um den Goldens auf ihrem Rückzug nachzuschauen. Cindy und ich schauten einander überrascht und freudig erleichtert an und fütterten ihm so viele Leckerchen, dass es für die Versorgung einer Kleinstadt gereicht hätte.

Patricia McConnell

Im Moment bellt Ihr Hund und zerrt an der Leine, wenn er andere Hunde sieht, genau wie Astro es früher getan hatte – aber was, wenn er eine andere Reaktion hätte? Was, wenn er stattdessen sofort seinen Kopf drehen, Sie anschauen und in freudiger Erwartung mit dem Schwanz wedeln würde? Wir nennen diese Übung »Schau« und sie hat dafür, dass sie scheinbar so simpel ist, eine Menge Vorteile. Erstens kann Ihr Hund nicht bellen und in Richtung eines anderen Hundes an der Leine zerren, wenn er seine Aufmerksamkeit auf Ihr Gesicht richtet. Einem Hund ein mit dem Problemverhalten unvereinbares Ersatzverhalten beizubringen ist eine elegante und bewährte Lösung für eine ganze Reihe an Verhaltensproblemen und funktioniert wunderbar bei Hunden, die bei Spaziergängen an der Leine allzu angeberisch sind. Wenn Sie Ihrem Hund beibringen, Ihnen bei Annäherung eines anderen Hundes ins Gesicht zu schauen, zeigen Sie ihm außerdem genau, was er tun soll, anstatt ihn selbst raten zu lassen. Es ist fast immer effektiver, jemandem etwas Richtiges beizubringen als etwas Falsches zu korrigieren. »Sag einfach nein« mag ja ein verbreiteter Spruch sein, aber er bringt Sie nicht sehr viel weiter, wenn Ihr Hund kein anderes Verhalten in seinem Repertoire hat.

Einer der Gründe dafür, warum »Schau« so wirksam ist, ist auch ganz einfach der: Wenn Ihr Hund den Kopf dreht, um Sie anzuschauen, wird er nicht mehr durch den Anblick des anderen Hundes gereizt. Anstatt den anderen näher kommen zu sehen und sich immer weiter aufzuspulen, reagiert er damit, dass er den Kopf wegdreht, sich beruhigt und auf etwas Wundervolles wartet, das gleich, wie er weiß, von

Ihnen kommen wird. Er bewegt sich nicht nur in die gewünschte Richtung, sondern auch sein Verhalten ändert sich von gespannter Aufregung zu entspannter Vorfreude. Er kann es im Sitzen, Stehen, Gehen oder Liegen tun. Es ist einfach zu machen und einfach beizubringen – kein Wunder, dass es so gut funktioniert. Das ist auch der wichtigste Grund dafür, warum wir empfehlen, Hunden die Übung »Schau« für die Begegnung mit anderen Hunden beizubringen – es funktioniert einfach. Mit den Jahren haben wir festgestellt, dass es die wirksamste aller Methoden ist, die wir je ausprobiert haben – und was könnte ein besseres Argument sein als Erfolg?

Wir definieren »Schau« als Signal, das den Blick des Hundes auf Ihr Gesicht lenkt und ihn so lange dort ruhen lässt, bis Sie ihn wieder freigeben. Ein Hund, der auf Signal hin zu Ihnen schaut, ist allerdings nicht das Endziel für einen Fall von Leinenaggression gegen andere Hunde. Das Ziel ist vielmehr ein Hund, der von selbst zu Ihnen schaut, sobald er einen anderen Hund sieht. Der sich nähernde Hund wird zum Reiz, der die Reaktion auslöst – und dann haben Sie einen Hund, der von sich aus höflich und angemessen auf fremde Hunde reagiert.

Vielleicht können Sie sich all das nur schwer vorstellen, wenn Sie einen Hund haben, der sich wie ein Wahnsinniger gebärdet, sobald er andere sieht. Verzagen Sie nicht. Wir haben mehr als einmal erlebt, dass ein Hund, der anfangs schon beim entfernten Anblick eines Hundes hysterisch wurde, schließlich zum Vorzeigehund des Viertels wurde. Eine unserer Kundinnen machte genau diese Erfahrung.

Melissa hatte einen großen Hund namens Riley, dessen Verhalten gegenüber anderen Hunden Spaziergänge zu einem Albtraum werden ließ. Nach ein paar Monaten Trainingsarbeit unter Anleitung begegnete sie einem neu zugezogenen Nachbarn, der mit seinen beiden vor Temperament überschäumenden Irish Settern auf der anderen Straßenseite entlangging. Sie befahl ihrem im Besserungstraining befindlichen alten Angeber »Schau« – und Riley drehte ihr ohne ein Zögern sein Gesicht zu. Während sie immer wieder erleichtert »guter Junge, guter Junge« wiederholte, hörte Melissa den Mann sagen: »Was für einen braven Hund Sie haben.« Später erfuhr sie, dass er jetzt seine eigenen Hunde nicht mehr so gern spazieren führte – er fürchtete den für ihn unvorteilhaften Vergleich zwischen seinen ungezogenen Hunden und dieser Reinkarnation von Lassie aus der Nachbarschaft.

Damit Riley zur Lassie der Nachbarschaft werden konnte, mussten er und Melissa »Schau« so gut beherrschen, dass sie es auch in einem Überraschungsmoment zeigen konnten. Selbst die simpelste Übung kann schwierig sein, wenn man jemand völlig unvorbereitet damit konfrontiert – das gilt für Menschen genauso wie für Hunde. Kopfrechnen zuhause am Küchentisch ist etwas ganz anderes als Kopfrechnen dann, wenn man sehr aufgeregt ist. Genauso ist es für Ihren Hund etwas anderes, dann zu kommen, wenn er Sie in der Küche hantieren hört oder dann, wenn er gerade auf der Wiese mit anderen Hunden spielt. Damit »Schau« also dann funktioniert, wenn Sie es brauchen, müssen Sie und Ihr Hund es unter verschiedenen Bedingungen beherrschen. Für Profis in Sachen Hundetraining ist das selbstverständlich: Sie »sichern« ein Verhalten in allmählich immer stärker ablenkenderen Umgebungen und erwarten nie Leistung von einem Hund, wenn die Situation noch zu viel für ihn ist.

Einer der Gründe dafür, warum viele Besitzer sich nicht die Mühe machen, ihren Hunden beim Sicherwerden in einer Übung zu helfen ist vermutlich der verbreitete Glaube, der Hund »wüsste« doch genau, was er machen soll. Aber was genau heißt schon »wissen«? Viele Hunde »wissen«, wie man sich setzt, wenn sie in ruhiger Umgebung dazu aufgefordert werden, aber in der spannenden Atmosphäre eines Zoofachgeschäfts tun sie es nicht. Das liegt daran, dass zu »wissen«, wie man etwas zuhause tut, nicht das Gleiche ist, wie es inmitten von lauter Ablenkungen zu tun. Auch Profi-Tennisspieler »wissen«, wie ein perfekter Aufschlag geht, üben ihn aber trotzdem stundenlang jeden Tag, damit sie ihn auch unter Druck hinbekommen.

Geben Sie sich und Ihrem Hund die gleiche Gelegenheit, »Schau« zu perfektionieren – es wird sich am Ende lohnen. Hier kommt uns besonders zugute, dass »Schau« so simpel ist – Sie und Ihr Hund können die Grundlagen schnell abarbeiten und dann die Zeit darin investieren, es mit der Zeit unter immer schwieriger werdenden Bedingungen zu verfestigen. Sobald Sie beide es in ruhiger Umgebung können, können Sie in Situationen mit leichter Ablenkung zu üben beginnen und dann in aufregenderer Umgebung, bis Sie und Ihr Hund »Schau« mitten im größten Durcheinander tadellos absolvieren können.

So fangen Sie an

Beginnen Sie mit dem Lernen von »Schau« in einer ruhigen Umgebung, in der Sie die einzige Attraktion für den Hund sind und nichts anderes mit Ihnen um seine Aufmerksamkeit konkurriert. Unterschätzen Sie nicht, wie stark ablenkend ein anderer Ihrer Hunde sein kann. Beginnen Sie also dann, wenn Sie und Ihr alter Angeber alleine sind. Sagen Sie »Schau« und schwenken Sie ein feuchtes, lecker duftendes Stückchen Futter drei Zentimeter vor der Hundenase. Führen Sie dann die Hand mit dem Leckerchen nach oben vor Ihr Gesicht, um die Augen des Hundes zu den Ihren zu locken. Unterstützend können Sie mit der Zunge schnalzen oder ein, zwei Schritte zurückgehen. Sobald die Hand vor Ihrem Gesicht ist, ermuntern Sie Ihren Hund mit Lächeln, Kopfwackeln, Fingerwackeln neben einem Auge (eine sehr wirkungsvolle Bewegung, um den Hund aufmerksam zu machen) und loben mit »Guter Hund, guter Hund«! Ihre Stimme soll ruhig, aber fröhlich klingen, damit Ihr Hund weiß, dass Sie zwar erfreut sind, aber nicht von zu viel Enthusiasmus überdreht wird.

Nach ein oder zwei Sekunden (nicht später) sagen Sie »okay« oder »gut« (eins von beiden, immer konsequent), um Ihren Hund freizugeben und geben ihm das Leckerchen. Achten Sie darauf, das Leckerchen nicht von Ihrem Gesicht wegzubewegen, bevor Sie »okay« gesagt haben. Sonst wird Ihr Hund nämlich glauben, dass die Bewegung seine Freigabe ist, und das könnte Ihnen später Schwierigkeiten machen.

Es macht nichts, wenn Ihr Hund in den Anfangsphasen des Trainings das Leckerchen und nicht Ihr Gesicht anzuschauen scheint. Für den Moment ist es in Ordnung, wenn er sich auf das Futter konzentriert, denn das werden wir später allmählich wieder ausschleichen. Wenn Ihr Hund sich nicht dabei wohlfühlt, Ihnen direkt in die Augen zu sehen, bitten Sie ihn um Konzentration auf Ihr Kinn. Wir selbst halten bei den meisten Hunden das Futter leicht seitlich vors Gesicht, etwa in Höhe der Wangenknochen. Achten Sie aber unabhängig von der endgültigen Position Ihrer Hand darauf, dass Sie die Handbewegung von unten nach oben immer auf die gleiche Art und Weise machen, denn sie wird später zu einem wichtigen visuellen Signal für Ihren Hund. Weil die meisten Hunde visuelle Signale schneller lernen als verbale, könnten Sie ihn verwirren, wenn Ihre Handbewegung in der Anfangsphase des Trainings nicht immer die gleiche ist.

Nachdem Sie »okay« gesagt haben, geben Sie Ihrem Hund entweder das Leckerchen oder lassen es vor ihm auf den Boden fallen. Falls Ihr Hund nicht zwischen Fingern und Leckerchen unterscheidet, sind Sie besser beraten, wenn Sie es sofort nach dem Freigabewort zu Boden fallen lassen. Allerdings finden manche Hunde es dermaßen spannend, dann anschließend nach weiteren möglicherweise versteckten Leckerchen im Gras zu suchen, dass man es kaum schafft, ihre Aufmerksamkeit zurückzugewinnen. Probieren Sie also aus, was bei Ihrem Hund am besten funktioniert. Egal, ob Sie das Leckerchen aus der Hand füttern oder es fallen lassen: Versuchen Sie nicht, den Hund damit zu bestärken, solange er Sie noch anschaut. Diese

Methode funktioniert gut, um einem Hund ein verlässliches »Platz« beizubringen, aber im Fall von »Schau« führt sie nur dazu, dass seine Aufmerksamkeit von Ihrem Gesicht abgelenkt wird. Sagen Sie also einfach »guuuut« oder »braaaaav«, solange er Sie anschaut, aber liefern Sie das Leckerchen erst dann aus, wenn Sie ihn freigegeben haben.

Manchen Hunden fällt es schwer, still zu bleiben und sich auf Ihr Gesicht zu konzentrieren, wenn sie gerade einen fremden Hund gesehen haben und selbst die beste Belohnung der Welt scheint dann nicht gut genug für sie zu sein. Bei solchen Hunden funktioniert es am besten, wenn die Bestärkung dafür, dass sie den Kopf gedreht haben, ein schnelles Weglaufen in die andere Richtung ist. Gerade erst letzte Woche haben wir mit einem Hund gearbeitet, dessen Besitzerin »schon alles probiert hatte«. Ihr Hund hüpfte und sprang und winselte, sobald er einen anderen Hund sah, und hätte sich in dieser Situation nicht weniger aus Leberstückchen machen können. Aber dann änderte sich alles, als ein kleines Nachlaufspiel mit ins Bild eingebaut wurde. Jetzt schnellt der Kopf des Hundes sofort zu seiner Besitzerin herum und die beiden flitzen fröhlich zusammen weg. Und sobald sie etwa fünf, sechs Meter weit gerannt sind, nimmt der Hund gerne ein Stückchen Leber als Extrabonus entgegen. Nach nur einer Woche Training war der Fortschritt phänomenal und die beiden waren verdientermaßen zufrieden mit sich selbst und hatten Spaß zusammen.

Neben dem Wissen darüber, welche Art von Bestärkung bei Ihrem Hund am besten funktioniert, ist es auch wichtig, nicht zu viel Zeit damit zu verbringen, dem Hund ein sehr langes »Schau« beibringen zu wollen. Der wichtigste und wertvollste und zugleich der schwierigste Teil der Übung ist für leinenaggressive Hunde, von dem dicken Neufundländer auf der anderen Straßenseite weg- und zu Ihnen hinzuschauen. Überlegen Sie mal, wie oft Sie selbst »Ja, sofort« sagen, wenn jemand Sie ruft und Sie dabei weiter dahin schauen, worauf Sie sich gerade konzentrieren. Es ist für Menschen wie für Hunde gleichermaßen schwierig, unsere Aufmerksamkeit von etwas wegzunehmen, mit dem wir gerade beschäftigt waren. Bestärken Sie also die Kopfdrehung an sich und machen Sie sich weniger daraus, wie lange Ihr Hund Sie anschaut. Halten Sie das Anschauen besonders in der Anfangsphase des Trainings oder dann, wenn Sie es unter schwierigen Bedingungen verlangt haben, kurz.

Hoppla – mein Hund hat weggeschaut, bevor ich okay gesagt habe

Seien Sie darauf gefasst, dass Ihr Hund wegschaut, bevor Sie »okay« gesagt haben. In erster Linie versuchen Sie das aber zu verhindern, indem Sie anfangs nur ein oder zwei Sekunden lang Anschauen verlangen. Je weiter Sie fortschreiten, desto unvermeidlicher wird es aber sein, dass die Aufmerksamkeit Ihres Hundes umherzuschweifen beginnt. Darauf müssen Sie vorbereitet sein. Bleiben Sie selbst konzentriert und bewegen Sie Ihre Hand mit dem Leckerchen exakt in dem Moment wieder vor die Hundenase zurück, wenn Ihr Hund gerade den Kopf wegzudrehen beginnt. Nutzen Sie den verlockenden Duft dieses leckeren Futters bestmöglich aus, indem Sie es dem Hund nur einen knappen Zentimeter weit vor die Nase halten und dann seine Aufmerksamkeit wieder auf Ihr Gesicht lenken, indem Sie die Hand wieder nach oben führen. Wenn er weggeschaut hat, haben Sie es vielleicht mit schwerer Konkurrenz zu tun – packen Sie dann die schärferen Waffen aus und nehmen Sie Hühnchen oder Käse, oder wem auch immer Ihr Hund wirklich nicht widerstehen kann. Helfen Sie ihm großzügig mit Stimmlob, wenn er Ihnen den Kopf zuzudrehen beginnt, auch wenn Sie ihn mit Futter locken mussten. Was macht es schon, warum er das getan hat? Er tut es, und das allein ist es, worauf es ankommt. Ihre Stimme kann den Hund dabei in genau dem Augenblick bestärken, in dem er Sie anzuschauen beginnt. Sie können gerne auch schnalzen, um sich die Aufmerksamkeit des Hundes wieder zu holen. Falls Ihr Hund zu abgelenkt ist, um den Kopf wegdrehen zu können, gehen Sie ein paar Schritte weiter von der Quelle der Ablenkung weg und versuchen es dann noch einmal.

Sagen Sie kein zweites Mal »Schau«, auch wenn es Sie noch so sehr danach juckt. Wenn Sie »Schau« wiederholen, beginnen Sie eine ganz neue Übung von vorn und Ihr Hund wird folglich nicht lernen, dass »Schau« erst dann endet, wenn Sie es sagen. Hüten Sie sich auch davor, es als Strafe zu benutzen: »SCHAU HER, VERDAMMT!« Falls Ihr Hund auf »falsch« oder »ah ah« oder einen anderen ruhigen Laut reagiert, der ihm sagt, dass er falsch liegt, dann können Sie diesen jetzt gerne nutzen, um ihm zu erklären, dass er nicht hätte wegschauen sollen. Sagen Sie es aber genau dann, wenn der Hund wegzuschauen beginnt und nur mit ruhiger Stimme, sonst bringen Sie nur noch mehr Anspannung in die Situation.

Wir nähern uns dem wahren Leben

Sobald Sie und Ihr Hund »Schau« an einem ruhigen Ort mit wenigen Ereignissen beherrschen, verlangen Sie es unter stärker ablenkenden Umständen. Fremde Hunde sind keine kleinen, sondern sehr große Ablenkungen, gehen Sie ihnen deshalb im Moment noch so gut Sie können aus dem Weg. Möglicherweise müssen Sie Ihre Spaziergänge in der nächsten Nachbarschaft für die nächsten Wochen ganz streichen und stattdessen mit dem Hund in einsamere Gegenden fahren oder ihm mehr Bewegung im Garten verschaffen, falls Sie einen haben. Der Plan könnte etwa so aussehen: Üben Sie »Schau« ein paar Tage lang in einem leeren Raum oder auf einem ruhigen Hof. In den nächsten ein oder zwei Wochen üben Sie es unter schwachen bis mäßigen Ablenkungen, zum Beispiel dann, wenn Ihr Hund auf dem Nachbargrundstück (nicht in fünf Metern Entfernung!) ein Eichhörnchen sieht oder gerade ein interessantes Geräusch gehört hat.

Sobald »Schau« unter mäßiger Ablenkung gut funktioniert, verlangen Sie es dann, wenn Ihr Hund einen anderen Hund sieht. Natürlich bauen Sie diese Übung sorgfältig auf und stellen sicher, dass der andere Hund weit genug weg ist und auch nicht näher kommen wird. Ihr Hund soll Erfolg haben, verlangen Sie also »Schau« vorerst nur dann, wenn der andere Hund so weit weg ist, dass Ihr Hund ihn zwar sehen kann, aber nicht wahnsinnig darüber wird. (Wir werden später noch sehen, was Sie tun können, wenn das Leben Sie trotz aller Planung kalt erwischt und plötzlich ein fremder Hund unvermittelt vor Ihren Füßen steht.)

Planen Sie diese Übungen also so, dass Ihr Hund die Entfernung ertragen kann, in der er den anderen Hund sieht. Überlegen Sie vorher, für welche Situationen Sie voraussagen können, dass Sie andere Hunde sehen, aber die komplette Kontrolle darüber haben, wie weit sie entfernt bleiben. Unsere Kunden haben zum Beispiel auf Parkplätzen, vor Hundeschulen, Tierarztpraxen oder Zoofachgeschäften geübt, weil man dort voraussagen kann, wo die anderen Hunde sein werden und dass sie an der Leine sind. Oder Sie verabreden sich mit Freunden, die mit ihrem angeleinten Hund zu einer vereinbarten Zeit an einer vereinbarten Stelle auftauchen. Oder Sie üben mit Hunden aus der Nachbarschaft, die immer auf dem Grundstück der Besitzer hinter einem Zaun sind. Versuchen Sie den Moment vorwegzunehmen, in dem Ihr Hund dem anderen den Kopf zuzudrehen beginnt und sagen Sie genau dann »Schau«, wenn er gerade den anderen Hund anschauen möchte. Ihr Ziel in dieser Trainingsphase ist es, Situationen zu schaffen, in denen Ihr Hund andere Hunde aus so großer Entfernung sieht, dass er sich immer noch auf Sie konzentrieren kann. Sagen Sie jedes Mal »Schau«, wenn er gerade den anderen Hund anschauen möchte und belohnen Sie ihn reichlich, wenn er sich für Sie entscheidet. Die Übung »Schau« beim Anblick eines anderen Hundes ist der Schlüssel dazu, das leinenaggressive Verhalten Ihres Hundes zu ändern – planen Sie also ein paar Wochen oder Monate Üben dafür ein. Sie arbeiten daran, dass Ihr Hund

Sie irgendwann automatisch anschaut, wenn er irgendwo einen Hund erspäht. Betrachten Sie das Ganze als einen Sport, dessen Grundlagen man gut üben muss, um später weiterzukommen.

Es macht nichts, wenn Ihr Hund sofort wieder zu dem anderen Hund schaut, nachdem Sie ihn freigegeben haben. Das ist prima – er gibt Ihnen gerade eine weitere Gelegenheit, »Schau« zu üben. Am effektivsten ist es, wenn Sie pro Übungseinheit mehrmals schnell hintereinander kurze Einheiten von »Schau« verlangen anstatt eines einzigen langen Anguckens, bei dem Sie Ihren Hund auch nur ein einziges Mal für die richtige Reaktion bestärken können. Sie sollten »Schau« auch in Situationen einsetzen, in denen keine anderen Hunde vorkommen, sonst lernt Ihr Hund bald, dass »Schau« bedeutet: »Hej, irgendwo in der Nähe ist ein anderer Hund!« Weil »Schau« ein so praktisches Signal ist, raten wir Ihnen, es für den Hund generalisiert zu halten, indem Sie es in möglichst vielen verschiedenen Kontexten nutzen.

Ein Jackpot für den »Selbstgucker«

Mit etwas Übung wird Ihr Hund bald lernen, dass es Spaß macht, Sie anzuschauen, sobald er irgendwo einen anderen Hund sieht. Anstatt sich wie bisher angespannt oder frustriert zu fühlen, wenn er einen Artgenossen ausmacht, wird er das nun als Gelegenheit betrachten, sich Futter oder ein lustiges Spiel mit Ihnen zu verdienen, indem er Sie bloß anzuschauen braucht. Sobald er dieses Muster gelernt hat (Hund sehen, Frauchen/Herrchen anschauen, sich gut fühlen) wird er irgendwann Ihr Signal »Schau!« vorwegnehmen und Sie ansehen, noch bevor Sie irgendetwas sagen konnten. Bingo! Das ist genau das Verhalten, auf das Sie hingearbeitet haben. Wir nennen es den »Selbstgucker«, weil der Hund Sie von selbst anguckt hat, nachdem er einen anderen Hund erspäht hat. Der erste Selbstgucker ist ein wirklich gewaltiger Schritt vorwärts. Er bedeutet, dass der Anblick des anderen Hundes anstelle Ihrer Stimme nun zum Signal dafür wird, dass Ihr Hund Sie anschaut. Und das ist genau das, was wir haben möchten: Ein Hund, der Sie von selbst anschaut, sobald er einen anderen Hund sieht, anstelle diesen anzubellen und wild an der Leine zu zerren.

Wer ein Kind erzieht, möchte, dass es irgendwann von alleine »bitte« und »danke« sagt, ohne dass es jedes Mal darauf hingewiesen werden muss. Das gleiche Ziel gilt auch für Ihren Hund. Streben Sie also nach dieser wichtigen Änderung in seinem Verhalten und ziehen Sie alle Lobregister, wenn es passiert. Sie wissen, wie Ihr Hund sich freut, wenn Sie von der Arbeit nach Hause kommen? Es ist das Ereignis des Tages! Der Selbstgucker ist Ihr Ereignis des Tages oder sogar der Woche – lassen Sie Ihren Hund das spüren. Anstatt allerdings im Kreis zu rennen, in die Luft zu hüpfen oder sich auf den Rücken zu werfen (obwohl: Wenn es Ihren Hund amüsiert – nur zu!), geben Sie ihm so viele Leckerchen, dass er schlichtweg verblüfft ist. Ein Jackpot ist genau das, was der Name sagt: Eine Super-Belohnung, die weit über das Gewohnte und Normale hinausgeht, Ihren Hund sehr freudig überrascht und bewirkt, dass er motiviert nach der nächsten Gelegenheit

Ausschau hält, wieder einen Selbstgucker zu zeigen. Sobald Sie den ersten Selbstgucker bekommen haben, können Sie beim nächsten Mal bewusst eine kleine Pause einlegen, bevor Sie »Schau!« sagen, um Ihrem Hund die Chance zur Eigeninitiative zu geben.

Unser typischer Jackpot sieht so aus, dass wir dem Hund schnell hintereinander 10 bis 15 Stückchen einer ganz besonders leckeren Futterbelohnung geben und ihm dabei vorschwärmen, dass er der allerbeste Hund der ganzen Welt ist. Sie können 10 bis 15 Mal hintereinander bei jedem Leckerchen »guter Hund« sagen, Sie können lachen, singen oder irgendein fröhliches Herumgealbere von sich geben, das Ihren Hund erfreut. Tun Sie irgendetwas, das ihn wirklich von seinen Pfoten haut, damit er sich das Ereignis gut merkt und sich anstrengt, es möglichst bald wieder haben zu können.

Hüten Sie sich davor, irgendetwas zu tun, das Sie zwar wirklich mögen, aber Ihr Hund nicht – zum Beispiel, ihn zu streicheln, wenn er viel lieber mehr Leckerchen haben möchte oder ihn auf diese ungehobelte Art und Weise zu umarmen, wie Primaten sie an sich haben, wenn sie Zuneigung ausdrücken möchten. Wenn Sie den Selbstgucker für den Hund zum Ereignis des Tages schlechthin machen, wird er bald von selbst nach anderen Hunden Ausschau zu halten beginnen, damit er dann zu Ihnen kommen und eine Belohnung kassieren kann. Nun sind Sie da, wo Sie hinwollten – Sie haben einen Hund, der auf das Auftauchen anderer Hunde damit reagiert, dass er Sie anschaut anstatt zu bellen und Theater zu machen. Das schreit nach einem tiefen Durchatmen, breiten Grinsen und Jackpot für Sie selbst!

Neben dem Jackpot für einen Selbstgucker können Sie Ihren Hund auch dann mit dieser Super-Belohnung bestärken, wenn er Sie auf Ihr Signal in einer ganz besonders schwierigen Situation angeschaut hat. Zum Beispiel dann, wenn ein fremder Hund überraschend für Sie beide aufgetaucht ist und jetzt schon viel näher ist, als die Entfernung, in der Sie bis jetzt geübt haben. Sie haben ohne viel nachzudenken »Schau!« gesagt und sind total verblüfft, dass es tatsächlich funktioniert hat. Wow! Das war richtig schwierig, aber Ihr Hund hat es geschafft. Lassen Sie ihn also spüren, dass er gerade die hündische Entsprechung einer Reise in die Karibik gewonnen hat.

Durchdachtes Training Schritt für Schritt

Einer der wichtigsten Bestandteile im Training eines neuen Verhaltens ist der, das neu Erlernte in allmählich immer schwieriger werdender Situationen vom Hund zu verlangen. Das verlangt eher durchdachte Planung als Intuition und Bauchgefühl. Ein häufiger Fehler ist, etwa eine Woche lang »Schau« in Situationen zu verlangen, die für den Hund relativ einfach sind, dann aber die mittlere Schwierigkeitsstufe zu überspringen und gleich zum richtig Schweren überzugehen. Der Hund kann diese Anforderung noch gar nicht erfüllen und scheitert kläglich. Es wäre so ähnlich, als ob man von einem Anfänger im Eiskunstlauf nach einer Woche Grundlagentraining einen doppelten Rittberger bei den Olympischen Spielen verlangen würde.

Eine derartige Überforderung kann bei Mensch und Hund zu erheblicher Frustration führen. Mit ein wenig durchdachter Planung lässt sich diesem Problem gut vorbeugen, sodass am Ende doch irgendwann eine Goldmedaille dabei herauskommt.

Nehmen Sie sich die Zeit, eine Liste der Situationen anzufertigen, in denen es für Ihren Hund leicht, mäßig schwierig, schwierig und sehr schwierig ist, auf Ihr Signal »Schau!« zu reagieren. Natürlich ist jeder Hund anders, aber untenstehende Liste kann Ihnen als Fallbeispiel und Anhaltspunkt dienen. Sie ist für einen Hund namens Muffin, von dem »Schau!« in den folgenden Situationen verlangt wird:

Leicht
- In der Küche, kurz bevor es abends Futter gibt und wenn niemand sonst zuhause ist (am einfachsten).
- Im Garten hinter dem Haus, wenn an einem ruhigen Morgen niemand sonst in Sicht ist. (Ein bisschen schwieriger als die Küche, weil es draußen immer so viele interessante Gerüche gibt, aber immer noch relativ einfach.)

Mittel
- Im Garten, wenn Muffin drei Häuser weiter ein Eichhörnchen hüpfen sieht.
- In der Küche, wenn die Kinder von der Schule nach Hause gekommen sind.
- Vor dem Haus, wenn Menschen, die Muffin mag, auf der anderen Straßenseite vorbeigehen.

- Auf dem Parkplatz der Hundeschule, wenn Muffin knapp 50 Meter von einem anderen Hund entfernt ist.
- Auf dem Bürgersteig, wenn Muffin auf einen Hund zugeht, den er kennt und mag und von dem er noch etwa 20 Meter entfernt ist.
- Auf dem Bürgersteig, wenn Muffin einen Hund sieht, den er in der Vergangenheit schon öfter aggressiv angebellt hat und von dem er hundert Meter weit entfernt ist.

Schwierig

- Im Garten, wenn ein Eichhörnchen drei Meter vor Muffin vorbeiflitzt und einen Baum hinaufklettert.
- Auf dem Bürgersteig, wenn Muffin seinen Hundefreund begrüßen möchte, der nur noch einen Meter entfernt ist und ihn zum Spielen auffordert.
- Auf dem Bürgersteig, wenn Muffin in zehn Metern Entfernung einen fremden Hund sieht, der auf Sie beide zukommt.
- Auf dem Bürgersteig, wenn Muffin in siebzig Metern Entfernung einen Hund sieht, den er schon öfter aggressiv angebellt hat.

Wirklich schwierig!

- Auf dem Bürgersteig, wenn ein fremder Hund vorbeigeht.
- Beim Tierarzt, drei Meter von fremden, bellenden Hunden entfernt.
- In der Hundeschule, einen knappen Meter von den anderen Hunden entfernt, die gerade auf den Übungsplatz gehen.
- Auf einem Spaziergang, wenn zwei frei laufende Hunde

auf Ihren Hund zurennen und ihn beschnüffeln möchten, während der Besitzer aus fünfzig Metern Entfernung ruft: »Keine Angst, die tun nichts!«

Natürlich reagiert nicht jeder Hund gleich. Manche werden bei fremden Hunden in fünf Metern Entfernung vielleicht relativ entspannt bleiben und erst dann reagieren, wenn einer näher als einen Meter herankommt. Andere bellen und machen Theater, wenn der andere Hund noch hundertfünfzig Meter weit entfernt ist. Nur Sie kennen Ihren Hund gut genug, um einen maßgeschneiderten Plan entwerfen zu können, mit dem er Schritt für Schritt allmählich immer schwierigere Anforderungen bewältigen muss. Bedenken Sie, dass die einfachste Stufe am wenigsten Zeit und Energie erfordert und dass »mittel«, »schwierig« und »sehr schwierig« die echten Herausforderungen sind. Achten Sie immer auf mögliche feine Signale dafür, dass Ihr Hund überfordert sein könnte – sei es Züngeln, Zittern, Wegschauen, das Lieblingsleckerchen verweigern oder scheinbar sehr beschäftigt am Boden schnüffeln – und beschließen Sie jede Trainingseinheit möglichst immer mit einem Erfolgserlebnis.

Wann Sie *nicht* »Schau!« sagen sollten

Während Sie mit Ihrem Hund »Schau« üben und immer wieder methodisch äußere Umstände schaffen, die er bewältigen kann, werden Sie trotzdem gelegentlich in Situationen geraten, die man einfach »das wahre Leben« nennt. Es wird Nachbarn geben, die ihre Hunde dann ausführen, wenn Sie überhaupt nicht damit gerechnet haben, eine

Hunde-Geburtstagsparty am Ende der Straße, ein Mann mit zwei Hunden, der auf Sie zukommt, um Sie nach dem Weg zu fragen oder irgendeins der vielen anderen Dinge, die ein Debakel mit Ihrem alten Angeber geradezu heraufbeschwören. Wenn Sie tief in Ihrem Inneren ahnen, dass eher eine Kuh das Klavierspielen lernen wird als Ihr Hund Sie jetzt auf »Schau!« hin angucken wird, dann denken Sie erst gar nicht daran, dieses Wort auszusprechen. Ein vorprogrammierter Misserfolg bringt Sie nicht weiter.

Falls eine Situation zu schwierig ist, als dass Sie und Ihr Hund sie elegant meistern könnten, dann gehen Sie unverzüglich zu Plan B über. Plan B bedeutet, dass Sie mit einer Kehrtwendung oder einem »Not-Sitz-Bleib« (Näheres im nächsten Abschnitt) aus der Situation herauskommen. Was immer Sie tun – verlangen Sie nie »Schau«, wenn Sie wissen, dass Ihr Hund nur mit Hilfe eines Wunders richtig darauf reagieren kann. Es ist sehr schön, wenn man an Wunder glauben kann, aber weise Hundebesitzer verlassen sich nie auf sie.

Im Überblick

- Benutzen Sie das Signal »Schau!«, um die Aufmerksamkeit Ihres Hundes in dem Moment zu bekommen, in dem er einen anderen Hund sieht.

- Bringen Sie ihm »Schau!« anfangs bei, wenn keine anderen Hunde in der Nähe sind und arbeiten Sie sich dann langsam an Situationen mit Hunden heran. Erwarten Sie nicht zu schnell zu viel.

- Helfen Sie Ihrem Hund anfangs, indem Sie seine Nase mit einem guten Leckerchen in Richtung Ihres Gesichtes locken, nachdem Sie ruhig »Schau« gesagt haben.

- Sobald er in Ihr Gesicht sieht, sagen Sie »Guuuuuter Hund« und bewegen Ihren Finger und/oder Kopf, während er Sie anschaut.

- Wiederholen Sie das Signal »Schau!« nicht und achten Sie darauf, es ruhig und nicht angespannt auszusprechen.

- Geben Sie Ihrem Hund ein klares Auflösungskommando (»okay« oder »frei«) und bestärken Sie ihn mit Futter, Spielzeug oder einem Nachlaufspiel.

- Falls Ihr Hund wegschaut, führen Sie das Leckerchen vor seine Nase zurück und locken Sie wieder seinen Blick nach oben, ohne erneut »Schau« zu sagen.

- Halten Sie die Dauer der Anschau-Übung sehr kurz, insbesondere zu Beginn des Trainings.

- Geben Sie Ihrem Hund für »Selbstgucker« oder außergewöhnliche Leistungen einen Jackpot.

- Falls Ihr Hund mit der Situation überfordert ist, drehen Sie sich um und gehen weg. Verlangen Sie dann »Schau«, wenn Sie wieder so weit von dem anderen Hund entfernt sind, dass Ihr Hund sich beruhigen konnte.

KEHRT, MARSCH: DREHEN SIE SCHWIERIGKEITEN DEN RÜCKEN ZU

Bugsy schnüffelte und lehnte sich nach vorn. Sein Haar stellte sich an Nacken und Rücken auf und er bellte mehrmals hintereinander mit tiefer, rauer Stimme. Das war etwas anderes als sein übliches aufgeregtes Bellen, es war die Sorte von tiefem, drohendem Bellen, die Unheil erwarten lässt. Alarmiert drehte ich mich in die Richtung um, in die er schaute und sah in sechs Metern Entfernung einen Kojoten die Straße entlanglaufen. Ich war entgeistert, und ich glaube das Gleiche auch von Bugsy behaupten zu können. Er begann zu springen und an der Leine zu zerren und war so aufgeregt, wie ich ihn seit gut einem Jahr nicht mehr erlebt hatte.

Es war keine Frage, dass Bugsys Schau-mich-an-Signal unter diesen Umständen unmöglich funktionieren konnte. Also ging ich sofort zu Plan B über, sprich, uns so schnell aus der Situation herauszubringen, wie unsere Beine uns trugen. Ohne groß nachzudenken, machten wir auf dem Absatz kehrt und liefen in Gegenrichtung davon, so, wie wir es für den Notfall geübt hatten. Und zwar so lange, bis der potenzielle Krawall-Kojote außer Sichtweite war. Wenn es ein Hund gewesen wäre, den wir da in sechs Metern Entfernung gesehen hätten, hätte »Schau« bestens funktioniert. Nach Monaten des Übens zeigt Bugsy heute fast jedes Mal, wenn er einen Hund sieht, einen »Selbstgucker« und kann sogar mit frei laufenden Hunden umgehen, die uns überraschend begegnen. Aber ein Kojote? Das war definitiv ein Notfall. Wir machen nicht oft auf dem Absatz kehrt, aber wenn, dann haben wir hinterher immer dieses erleichterte Gefühl, einer Gewehrkugel ausgewichen zu sein.

Karen London

Wie Sie sehen, ist es nützlich, solche Kehrtwendungen in seinem Trainingsrepertoire zu haben. Eine Kehrtwendung ist genau das, was der Name sagt: Sie und Ihr Hund machen im Vorwärtsgehen auf Kommando um 180 Grad kehrt und gehen in die entgegengesetzte Richtung. Ihr Hund macht kehrt, weil er weiß, was Ihr Signal bedeutet: »Schnell! Wir spielen das Dreh-dich-schnell-und-lauf-in-die-andere-Richtung-Spiel!« Er macht *nicht* kehrt, weil er am Ende der Leine ankommt und deren Zug spürt. Das würde die Anspannung in der Situation nur noch steigern und könnte genau das Verhalten auslösen, das Sie zu vermeiden versuchen. Er macht kehrt, weil er dieses Spiel kennt, das Signal dazu hört und damit ohne groß darüber nachzudenken die Schwierigkeiten einfach hinter sich lässt.

Die Handlung selbst ist genau wie bei »Schau!« simpel, aber damit sie im Ernstfall nutzt, muss sie wirklich gut beherrscht werden. Außerdem ist die Kehrtwendung genau wie »Schau!« ein Verhalten, das nicht mit Bellen und »Anmachen« eines anderen Hundes vereinbar ist. Der Unterschied zu »Schau« ist, dass Sie dieses Signal verwenden, wenn Sie wissen, dass Ihr Hund für »Schau« zu aufgeregt ist oder wenn er einen anderen Hund schon anbellt. Ziel der

Übung ist, aus schwierigen Situationen heil herauszukommen. Wenn Ihr Hund und Sie sowohl »Schau« als auch die Kehrtwendung gut beherrschen, werden Sie die allermeisten Situationen meistern, die das Leben so aus dem Überraschungshut zaubern kann.

Nehmen wir einmal an, Sie haben »Schau« geübt und Ihr Hund sieht Sie inzwischen jedes Mal an, wenn er in fünf bis fünfzehn Metern Entfernung einen anderen Hund sieht. Sie sind sorgfältig Schritt für Schritt vorgegangen und haben deshalb das Anschauen noch nicht verlangt, wenn der andere Hund nur drei Meter weit entfernt war. Und dann biegen Sie und Ihr Hund eines schönen Abends nichtsahnend um eine Ecke und laufen sozusagen auf eine Deutsche Dogge auf. Da haben Sie den Salat, Ihr Hund ist nur eine halbe Sekunde davon entfernt, gleich vollkommen wahnsinnig zu werden. Jetzt ist nicht die Zeit, »Schau!« von Ihrem Hund zu verlangen, jetzt ist es vielmehr Zeit, zu machen, dass Sie fortkommen – und zwar plötzlich. Kaum jemand von uns, sei es Mensch oder Hund, kann noch klar denken, wenn er überrascht und geschockt ist. Das Beste, was Sie hier tun können, ist also umdrehen und weggehen. Wenn Sie und Ihr Hund das so lange üben, bis es Ihnen zur zweiten Natur geworden ist, werden Sie auch dann kehrt machen können, wenn Sie gar keine Zeit mehr zum Nachdenken haben – und genau dann werden Sie es brauchen.

Eine unserer Kundinnen machte einmal davon Gebrauch, als sie und ihr Hund beim Tierarzt überrascht wurden. Normalerweise vermied Mary dramatische Begegnungen im Wartezimmer, indem sie erst nach Sprechstundenschluss kam. Aber als sie eines Abends in das vermeintlich leere Wartezimmer kam, liefen Mary und ihr Hund geradewegs einem anderen Hund vor die Füße. Ohne nachzudenken und wie auf Auto-Pilot geschaltet sagte sie »Kehrt!« und schwenkte rechts um. Ihr Hund machte genauso schnell kehrt und ging sicher neben ihr hinaus auf den Parkplatz. Sie hätten Marys Gesicht sehen müssen, als sie uns von diesem Sieg erzählte. »Es war Wahnsinn! Noch vor ein paar Monaten wäre diese Situation im Desaster geendet. Wir machten beide so schnell kehrt, dass wir gar nicht realisierten, was wir da eigentlich taten, bis wir schon fast draußen waren. Nachdem alles gesackt war, war ich absolut begeistert, und ich schwöre, mein Hund war genauso froh darüber wie ich.«

Sie können diese Technik immer dann benutzen, wenn Sie Schwierigkeiten aus dem Weg gehen möchten, sei es ein hysterisch kläffender Terrier auf dem Bürgersteig oder eine Überraschungsbegegnung mit einem Labrador. Unserer Erfahrung nach sind viele Hunde erleichtert, wenn man ihnen aus einer schwierigen Situation heraushilft und werden dann in Zukunft gelassener. Vielleicht lernen sie, darauf zu vertrauen, dass sie vor Konfrontationen beschützt anstatt in Situationen gezwungen werden, mit denen sie nicht fertig werden.

Kehrtwendungen haben noch einen weiteren Vorteil – sie können auch sehr praktisch bei der Art von Ablenkungen sein, denen Ihr Hund ganz schlecht widerstehen kann, wie zum Beispiel freche Eichhörnchen oder Inline-Skater direkt vor der eigenen Nase.

Wann Sie »Schau« und wann die Kehrtwendung einsetzen, hängt davon ab, mit welchem Grad von Ablenkungen Ihr Hund derzeit umgehen kann. Wenn Sie an »Schau!« arbeiten, steigern Sie die Intensität der Ablenkungen allmählich und konditionieren Sie Ihren Hund, sich von immer schwieriger werdenden Dingen abzuwenden. Irgendwann können Sie dann von ihm erwarten, dass er ruhig und gefasst auf eine Überraschungsbegegnung reagiert. Unfair wäre es aber, »Schau« von ihm zu verlangen, wenn die gegebene Ablenkung noch zu viel für ihn ist. Stellen Sie sich das Ganze wie einen Sport vor: Von einem Basketballspieler würden Sie nie erwarten, dass er in einem wichtigen Spiel bei jedem Korbwurf trifft, wenn er nicht zuhause geübt hätte.

Schwierigkeiten den Rücken zu drehen ist für die meisten Hunde viel einfacher, als stillzustehen und ihre Gefühle zu beherrschen. Wenn Ihr Hund also an die Grenze dessen kommt, was er ertragen kann, funktioniert eine Kehrtwendung besser als das Anschauen. Damit wir uns nicht missverstehen: Natürlich möchten wir erreichen, dass alle Hunde irgendwann in der Lage sind, an anderen Hunden vorbeizugehen oder diese ruhig wartend vorbeizulassen. Aber solange Sie daran noch arbeiten, kann Ihnen die Kehrtwendung eine große Hilfe sein. Wenn Sie in einer Situation kehrt machen, die für den Trainingsstand des Hundes noch zu schwierig ist, dann tun Sie mehr als nur einem Problem aus dem Weg gehen. Sie bringen ihm eine Reaktion bei, die mit Bellen und »Anmache« unvereinbar ist und helfen damit Ihrem Hund, zu dem Musterbürger zu werden, den wir alle uns wünschen.

In gewisser Weise bringt die Kehrtwendung Ihrem Hund das gleiche bei wie »Schau«. Beide Signale führen zu einem Hund, der sich von einem anderen Hund weg und in die entgegengesetzte Richtung bewegt. Beim Anschauen wird nur verlangt, dass der Kopf sich bewegt, während es bei der Kehrtwendung der gesamte Körper ist. Kehrtwendungen fallen den meisten Hunden aber leichter, weil sie danach den anderen Hund nicht mehr sehen können und zu anderen Dingen weitergegangen sind. Manche Hunde lieben denjenigen Teil der Übung, wenn sie Ihnen nachlaufen können und finden das eine bessere Bestärkung als Futter. In unserer Praxis haben sich beide Signale gleichermaßen als hilfreich für die Hunde erwiesen, mit denen wir gearbeitet haben. Betrachten Sie also das Anschauen und die Kehrtwendung als zwei sich ergänzende Dinge, die Sie je nach Bedarf und den Umständen einsetzen können.

So fangen Sie an

Bevor Sie anfangen, Ihrem Hund die Kehrtwendung beizubringen, überlegen Sie sich gut, welches Signal Sie künftig dafür einsetzen möchten. Idealerweise sollte es ein Wort oder Laut sein, den Sie schnell und einfach aussprechen können. Achten Sie darauf, dass es nicht so ähnlich klingt wie ein anderes Signal, das Sie schon benutzen. Mögliche Worte wären zum Beispiel »rum«, »kehrt« oder »hier lang« oder auch »gehn wir«. Nehmen Sie keine Worte wie »komm« oder »hier«, die Sie schon vorher in anderem Zusammenhang benutzt haben – das hier muss etwas ganz Neues sein. Wir nehmen in diesem Buch »rum« als Signalwort, weil es die Bewegung beschreibt, die Sie und Ihr

Hund machen sollen, aber eigentlich gefällt uns persönlich in der Arbeit mit Hunden der Klang von »gehen wir« besser. Wichtig ist eigentlich nur, dass Sie das Wort mögen und dass es Ihren Hund nicht verwirrt. Machen Sie keine zu große Sache aus der Wahl des richtigen Signals, aber behalten Sie es konsequent bei, wenn Sie erst einmal eins ausgesucht haben und sprechen Sie es in einem Tonfall aus, als ob Sie selbst überrascht wären.

Beginnen Sie wie beim Lernen jedes neuen Verhaltens in einer ruhigen Umgebung, in der Sie und Ihre Leckerchen (oder Spielsachen) die einzige Attraktion sind. Ruhige Hinterhöfe oder lange, leere Flure machen es Ihnen beiden leichter, sich zu konzentrieren.

Nehmen Sie tolle Leckerchen oder das Lieblingsspielzeug Ihres Hundes in die rechte Hand und gehen Sie, den Hund links von sich, flott los. Es ist egal, ob er in perfekter Bei-Fuß-Position geht oder nicht, nur sollte er nicht mehr als eine Hundekörperlänge vor Ihnen sein, wenn Sie zur ersten Kehrtwendung ansetzen. Falls er zu weit nach vorn geraten ist, gehen Sie einen Kreis und dann wieder geradeaus. Jetzt sind Sie vorne und können zu Ihrer Kehrtwendung ansetzen, wenn der Hund genau neben Ihnen ist.

Wenn sich der Hund also neben Ihnen oder ein kleines bisschen vor Ihnen befindet, sagen Sie im flotten Vorwärtsgehen mit fröhlicher Stimme »rum!« und machen nach rechts kehrt, bis Sie in die Richtung schauen, aus der Sie gekommen sind. Gehen Sie dann wieder geradeaus weiter.

Wenn Sie Ihren Hund nicht auffordern, mit Ihnen kehrt zu machen, wird er vielleicht weiter in die ursprüngliche Richtung laufen wollen. Helfen Sie ihm also, indem Sie eins oder alle der folgenden Dinge tun:

1. ***Halten Sie ein tolles Leckerchen oder Spielzeug*** in Ihrer rechten Hand und locken Sie den Hund damit herum, während Sie kehrt machen. Achten Sie darauf, es dem Hund in nur zwei bis drei Zentimetern Entfernung vor die Nase zu halten, was bedeutet, dass Sie Ihre rechte Hand vor Ihrem Körper erst nach links bewegen müssen, dahin, wo die Hundenase ist. Locken Sie dann den Hund um sich herum, während Sie sich drehen, wie den berühmten Esel mit der Karotte.

2. ***Gehen Sie ein bisschen in die Knie, während Sie kehrt machen.*** Die meisten Hunde reagieren wunderbar darauf! Vielleicht deshalb, weil es ein klares visuelles Signal auf ihrer Augenhöhe ist oder weil es das ist, was Ethologen eine »Intentionsbewegung« nennen, die eine Handlung ankündigt. Was auch immer der exakte Grund ist – es wird einen großen Unterschied in der Reaktion Ihres Hundes bewirken.

3. ***Machen Sie in der Anfangsphase Geräusche, um den Hund aufmerksam zu machen.*** Nachdem Sie »rum!« gesagt haben, ist Zungenklicken oder -schnalzen prima dazu geeignet, die Aufmerksamkeit des Hundes auf sich und das, was vor ihm liegt, zu lenken. Achten Sie aber darauf, zuerst »rum!« zu sagen, sonst werden die anderen Laute zum Signal für Ihren Hund. Schnalzen Sie

nicht allzu viel, aber im Anfangsstadium kann es sehr hilfreich sein, um den Hund aufmerksam zu machen.

4. ***Manchmal hilft es, sich in der Drehung selbst auf das linke Bein zu klopfen,*** aber tun Sie das auf keinen Fall mit der Hand, in der Sie die Leine halten. Sonst wird die Leine Ihrem Hund nämlich unangenehm ins Gesicht schlagen, wenn er in der richtigen Position war – nicht unbedingt eine positive Bestärkung für ihn!

Sagen Sie bei den ersten zwei oder drei Malen in dem Moment »Guter Hund!« und geben ein Leckerchen, wenn er die komplette Kehrtwendung vollführt hat. Den besten Erfolg haben wir immer mit Lob, das in zwar erfreutem, aber nicht allzu überschwänglichem Tonfall ausgesprochen wird. Sie möchten ja erreichen, dass der Hund sich zwar freut, mit Ihnen zusammen kehrt gemacht zu haben, aber er soll auch ruhig und gefasst weitergehen. Bleiben Sie nicht stehen, um ihn zu loben – gehen Sie weiter und schieben Sie ihm das Leckerchen dabei ins Maul.

Falls Sie mit einem Spielzeug als Bestärkung arbeiten, werfen Sie es gerade vor sich und lassen Ihren Hund danach laufen. Das richtige Timing ist hier entscheidend, achten Sie also darauf, Ihren Hund so schnell wie möglich nach der Drehung und Richtungsänderung zu bestärken, auch wenn das Ganze am Anfang vielleicht etwas ungeschickt oder langsam ausfällt.

Bei den ersten Versuchen ist vor allem wichtig, dass Sie und Ihr Hund sich mehr oder weniger gemeinsam um 180

Grad drehen und flott weiter vorwärtsgehen, nur eben in die entgegengesetzte Richtung – und vor allem, dass Ihr Hund das Ganze sehr spannend findet. Sobald Sie beide mehr Geschick darin haben, gemeinsam kehrt zu machen, zögern Sie die Bestärkung weiter hinaus, bis Sie nach der Wendung ein paar Schritte nach vorn gemacht haben.

Damit es funktioniert, wenn Sie es brauchen

Sobald Ihr Hund in der Beschaulichkeit des eigenen Grundstücks mit Ihnen gemeinsam kehrt machen kann, ist es Zeit, das Gleiche auch dann von ihm zu verlangen, wenn er stärker abgelenkt ist. Denn irgendwann möchten Sie ja auch bei der Ablenkung aller Ablenkungen kehrt machen können – nämlich dann, wenn plötzlich wie von Zauberhand ein fremder Hund direkt vor Ihnen auftaucht. Den Weg dahin müssen Sie sich allerdings schrittweise erarbeiten.

Wie schon bei der Übung »Schau« erwähnt, ist genau das der Teil des Trainings, den viele Hundebesitzer leider vernachlässigen. Es scheint sehr weit verbreitet zu sein, dass nach Schritt eins (kehrt machen in einer Umgebung ohne Ablenkungen) sofort und ohne Zwischenschritt zu Schritt fünfundzwanzig gesprungen wird (vier Golden Retriever erscheinen plötzlich wie hingezaubert direkt vor Ihrer Nase). Profis wissen, dass gerade das Arbeiten an den Zwischenschritten über Erfolg oder Misserfolg entscheidet. Planen Sie deshalb so, dass Ihr Hund genügend Möglichkeiten zum Üben der Schritte zwei bis vierundzwanzig hat, bevor Sie mit Schritt fünfundzwanzig beginnen.

Beginnen Sie die Arbeit an den Zwischenschritten, indem Sie eine Kehrtwendung von etwas weg verlangen, das weit weniger Ablenkung bedeutet als ein anderer Hund. Suchen Sie etwas aus, was das Interesse Ihres Hundes weckt und zu dem er gerne hinmöchte, zum Beispiel eine sich nähernde Person, ein befreundeter Hund, mit dem Ihrer sich gut versteht (und der nicht allzu nahe ist) oder ein im Gras liegender Ball, den Ihr Hund gerne aufheben möchte. Es muss etwas sein, zu dem Ihr Hund sich hingezogen fühlt. Sobald er die ausgesuchte Ablenkung anschaut, verlangen Sie die Kehrtwendung. Denken Sie daran, ihn genau wie bei den ersten Anfängen mit Stimme und Körper zu unterstützen, denn auf gewisse Weise machen Sie auch hier wieder einen Neuanfang. Von etwas Interessantem weg kehrt zu machen ist etwas ganz anderes, als einfach so kehrt zu machen! Er lernt also eigentlich eine ganz neue Übung. Weil Sie den Schwierigkeitsgrad erhöht haben, müssen Sie anfangs schon die leichteste Kopfdrehung von der Ablenkung weg bestärken. Sobald Ihr Hund auf dieser Schwierigkeitsstufe mehr Übung hat, können Sie langsam mehr von ihm erwarten, bevor er sein Leckerchen bekommt. Falls er Sie ignoriert und weiter nach vorn schaut, führen Sie Ihre Hand mit dem Leckerchen oder Spielzeug wieder bis knapp vor seine Nase und locken damit seinen Kopf herum. Nutzen Sie Ihre Körpersprache (leicht in die Knie gehen, Oberkörper nach rechts drehen) und Ihre Stimme, um ihn zu unterstützen.

Und auch wenn Sie Ihr ganzes Repertoire an Hilfen einsetzen mussten, um ihn zum Kehrtmachen zu bewegen: Geben Sie ihm eine wirklich gute, tolle Belohnung, sobald er in die andere Richtung schaut. GUTER HUND! Versuchen Sie es möglichst so lange wieder mit der gleichen Ablenkung, bis Sie eine Verbesserung sehen, und sei sie auch noch so gering. Und lassen Sie ihn spüren, dass Sie sehr erfreut über sein Verhalten sind!

Natürlich lernt jeder Hund unterschiedlich schnell, aber die meisten brauchen etwa zwei bis acht Wochen Übung bei mittelstarker Ablenkung, bevor Sie erwarten können, dass die Kehrtwendung auch bei starker Ablenkung glatt funktioniert. Schreiben Sie genau wie für die Übung »Schau« eine Liste von leichten, mittleren, starken und sehr starken Ablenkungen auf, bevor Sie mit dem Üben beginnen. Ihr Ziel ist auch hier, den Schwierigkeitsgrad allmählich zu erhöhen – und das bedeutet, dass Sie eine klare Vorstellung davon haben müssen, was für Ihren Hund leicht und was schwierig ist.

Hier ist eine Beispielliste für einen fiktiven Hund namens Schorsch:

Leicht
- Schorsch sieht zwei ihm bekannte Menschen in etwa fünfzig Metern Entfernung auf sich zukommen.
- Schorsch beginnt, an einer mäßig interessanten Stelle im Gras zu schnüffeln.
- Er hört ein Motorrad und schaut in die Richtung des Geräuschs, aber es ist außer Sichtweite.

Mittel
- Schorsch sieht zwei Kinder, die er sehr gerne mag, aber sie sind mehr als fünfzig Meter weit weg.

- Schorsch sieht einen ihm bekannten Hund, mit dem er sich verträgt, in zwanzig Metern Entfernung.
- Ein fremder Hund kommt auf Sie und Schorsch zu, ist aber noch etwa hundert Meter weit weg.

Schwierig
- Ein fremder Hund kommt in zwanzig Metern Entfernung auf Sie und Schorsch zu.
- Schorschs beide besten Hundekumpel spielen drei Meter vor seiner Nase.
- Schorsch schnüffelt am Boden und ist drauf und dran, eine fettige Frittentüte zu fressen.

Sehr schwierig
- Ein fremder Hund kommt auf Sie in fünf Metern Entfernung zu.
- Ein Hund in der Größe eines Kalbs biegt zweieinhalb Meter vor Ihnen um die Ecke und steht vor Ihnen.

Eine allgemeingültige Aussage dazu, wie lange Sie auf jeder Schwierigkeitsstufe üben müssen, ist unmöglich zu treffen. Das hängt vom Hund selbst ab, wie schwerwiegend sein Problem ist und wie oft Sie üben können. Manche Hunde schaffen es innerhalb von vier bis acht Wochen bis zur höchsten Schwierigkeitsstufe, realistischer ist aber, für das Training eines alten Angebers vier bis sechs Monate zu veranschlagen. Hunde, die als Welpen schlecht sozialisiert wurden, die leicht erregbar oder stark zum Bellen motiviert sind, können länger brauchen. Viele Hunde sind niemals »fertig« und werden immer weiteres Üben und Rücksicht darauf benötigen, wie viel sie vertragen können.

Kehrtwendungen funktionieren am besten, wenn man sie nicht übertrieben oft macht. Wir empfehlen, in schwierigen Situationen niemals mehr als zwei oder drei hintereinander zu verlangen und gut auf Anzeichen von Stress zu achten (Züngeln, Gähnen, angespannte Körperhaltung, Sie meiden, ein gutes Leckerchen verschmähen oder am Boden schnüffeln). Wenn Sie eins dieser Anzeichen bemerken, gehen Sie ein oder zwei Schritte in den Anforderungen zurück und beenden Sie die Übung mit einem Erfolgserlebnis. Am besten werden Sie im Training vorankommen, wenn Sie ein bis fünf Kehrtwendungen pro Tag üben, von denen aber nie alle auf höchster Schwierigkeitsstufe sein dürfen. Unterschätzen Sie nicht den Wert einer einzigen, aber dafür sehr gut ausgeführten Kehrtwendung, die Sie begeistert belohnen und anschließend mit etwas anderem weitermachen.

Viele Wiederholungen sind nicht immer das beste Rezept, wenn eine Übung ein bisschen stressig ist. Wir haben mit unseren alten Angebern jedenfalls die Erfahrung gemacht, dass man mit kleinen Schritten weiter kommt als mit zu großen.

Wenn es Sie kalt erwischt

Wenn Sie die Kehrtwendung in einem Notfall einsetzen müssen, gehen Sie unbedingt so weit von dem anderen Hund weg, bis Ihrer sich wieder entspannen kann. Bleiben Sie stehen, atmen Sie tief durch, helfen Sie Ihrem Hund, das Gleiche zu tun und verlangen dann von ihm »Schau«. Gern können Sie zum Spannungsabbau jetzt auch ein kleines Spielchen einbauen, wenn Sie schon aus der Problemzone heraus sind. Juhu! Desaster abgewendet!

Das Gute an Kehrtwendungen ist, dass Sie dem möglichen Problem nicht nur den Rücken zuwenden, sondern auch Abstand zwischen sich und das bringen, was Ihrem Hund vermutlich zu viel gewesen wäre. Kehrtwendungen bewahren Sie beide vor einer Überreaktion und bringen Sie in einen Abstand, in dem »Schau« wieder funktioniert. Stellen Sie sich »Schau« als Ihr Hauptwerkzeug und die Kehrtwendung als Zubehör vor und Sie werden für so gut wie alles gerüstet sein.

Im Überblick

- Machen Sie in Notsituationen eine Kehrtwendung, damit Ihr Hund nicht wieder in rüpeliges Verhalten zurückfällt.

- Sagen Sie »Rum!« oder »Kehrt!« oder was auch immer Sie als Signalwort gewählt haben, gehen Sie leicht in die Knie und drehen sich auf Ihrem rechten Fuß herum.

- Ermuntern Sie Ihren Hund mit wiederholten, schnell aufeinanderfolgenden Lauten wie zum Beispiel Zungenschnalzen und locken Sie ihn mit Futter oder Spielzeug in die Wendung.

- Gehen Sic nach dcr Wendung forsch und flott weiter in die neue Richtung.

- Geben Sie Ihrem Hund bei den ersten Malen das Leckerchen in dem Moment, in dem er sich umdreht und zögern Sie es später bis nach den ersten Schritten in die neue Richtung hinaus.

- Üben Sie anfangs ohne Ablenkungen und gehen schrittweise weiter vor, bis Sie auch in Anwesenheit anderer Hunde eine Kehrtwendung verlangen.

- Falls Sie die Kehrtwendung in einer Notsituation eingesetzt haben, verlangen Sie möglichst von Ihrem Hund »Schau«, sobald Sie wieder weit genug von der Problemquelle entfernt sind.

DAS NOT-SITZ-PLATZ UND ANDERE NÜTZLICHE PANIKKNÖPFE

Das Not-Sitz-Platz

Jeder Besitzer eines leinenaggressiven Hundes hat den gleichen Albtraum: Während Sie friedlich mit Ihrem angeleinten Hund spazieren gehen, kommen plötzlich drei frei laufende Gordon Setter auf Sie zugestürmt. Meistens wird das Szenario von einem aus der Ferne winkenden Besitzer begleitet, der freundlich ruft: »Alles in Ordnung, die tuuun nix!« Wenn Sie Zeit hätten, würden Sie zurückrufen »Nein, es ist nicht in Ordnung, weil mein Hund gleich explodiert!« Aber Sie haben zum Antworten keine Zeit, weil Sie gerade damit beschäftigt sind, einen Herzinfarkt zu bekommen.

Weil solche Situationen fast unvermeidlich sind – egal, wie früh morgens Sie mit Ihrem Hund spazieren gehen – sollten Sie einen Plan in der Tasche haben, der Sie und Ihren Hund da heil herausbringt. Hier kommt das Not-Sitz-Platz ins Spiel. Und das sieht so aus: Wenn Sie einen frei laufenden Hund auf sich zurennen sehen (nehmen wir für den Anfang erstmal einen), bringen Sie Ihren Hund sofort einen Schritt neben und hinter sich ins Sitz-Platz. Wenn wir einmal davon ausgehen, dass Ihr Hund da bleibt, wo Sie ihn hingesetzt haben, machen Sie nun einen Schritt auf den sich nähernden fremden Hund zu und befehlen »Sitz!«. Erstaunlicherweise wird er vermutlich sogar gehorchen. (Auch wenn das in Ihren Ohren unwahrscheinlich klingt: Glauben Sie uns – wir werden später noch darauf zurückkommen, wie überraschend einfach Sie genau das hinbekommen können.) Je nach Hund werden Sie ihm nun entweder sagen, dass er da bleiben soll, wo er ist oder Leckerchen hinter ihm auf den Boden werfen, sodass Sie und Ihr Hund in die andere Richtung weggehen können.

Sie stehen also die ganze Zeit zwischen Ihrem und dem sich nähernden Hund. Sie managen im Grunde zwei Hunde auf einmal – das klingt schwierig, funktioniert aber in vielen Situationen erstaunlich gut. Uns selbst hat es schon einige Male aus der Patsche geholfen, weshalb wir auch Ihnen ans Herz legen, es einzuüben.

So fangen Sie an

Beginnen Sie wie immer in einer ruhigen Umgebung ohne Ablenkungen – nur Sie und Ihr Hund. Gehen Sie mit ihm zusammen vorwärts und verlangen dann »Sitz«, wenn er ganz leicht schräg hinter Ihnen ist (suchen Sie sich eine Seite aus und bleiben dann bei entweder rechts oder links). Für die meisten Hunde ist das Schwierigste an der Sache, sich hinzusetzen, ohne Ihnen gegenüber zu stehen. Falls Sie schon Obediencetraining mit Ihrem Hund gemacht haben, wird es ein Kinderspiel für ihn sein. Ansonsten wird er möglicherweise versuchen, nach vorn um Sie herumzugehen, Sie anzuschauen und sich dann hinzusetzen. Arbeiten Sie in dem Fall mit Futter und locken Sie den Hund damit in die richtige Position – in gleiche Blickrichtung neben sich.

Als Nächstes sagen Sie »Bleib« und gehen einen Schritt nach vorn, während Ihr Hund ruhig hinter Ihnen sitzen bleibt. Gehen Sie dahin zurück, wo Sie waren und schieben Ihrem Hund ein Leckerchen zu, während er weiterhin im »Platz« bleibt und Sie ihm ruhig schmeichelnd erzählen, was für ein toller Hund er ist. Geben Sie ihn ruhig frei (um keine Aufregung ins Spiel zu bringen) und wiederholen Sie dann das Ganze noch einmal. Lernziel für den Moment ist, dass Ihr Hund schön im »Platz« bleibt, während Sie ein paar Schritte weit nach vorn weggehen. Sobald das felsenfest sitzt, können Sie »Sitz-Platz!« mit ein wenig mehr Spannung in der Stimme sagen, so, wie Sie sich anhören würden, wenn Sie wirklich von einem heranstürmenden Greyhound überrascht würden. Nach und nach fügen Sie Signale und Kommandos an unsichtbare Hunde hinzu und verlangen »Bleib« von Ihrem Hund, während Sie sich von ihm abwenden und mit einem Phantomhund kommunizieren. Sie tun also anfangs nur so, als ob da noch ein weiterer Hund wäre, damit Ihr Hund sich in Ruhe an Ihr seltsames Verhalten gewöhnen kann.

Sobald Ihr Hund auch dann ruhig sitzen bleibt, während Sie mit imaginären anderen Hunden reden, können Sie mit echten Hunden üben. Bitten Sie Freunde um Hilfe, damit Sie die Übungseinheiten genau an den Könnensstand anpassen können. Natürlich müssen beide Hunde anfangs angeleint sein und sich nicht zu nahe kommen – auf geringere Distanz arbeiten Sie erst dann, wenn Sie und Ihr Hund Fortschritte gemacht haben. Vermeiden Sie nach wie vor Begegnungen mit fremden, frei laufenden Hunden, aber bereiten Sie Ihren Hund jetzt mit Hilfe ihm bekannter Hunde nach und nach »auf das richtige Leben« vor.

So gehen Sie mit dem anderen Hund um

Wie Sie sehen, ist das Grundprinzip sehr simpel: Bringen Sie Ihrem Hund ein Not-Sitz-Platz bei, damit Sie sich zwischen ihn und den herankommenden Hund stellen können. Konzentrieren Sie sich dann darauf, den fremden Hund von Ihrem abzublocken und ihn abzulenken, damit Sie weggehen können. Am erfolgreichsten ist es, wenn Sie ein paar Tricks aus dem Ärmel schütteln können: Unsere erste Wahl ist immer, »Sitz« zu sagen, weil so viele Hunde das Kommado kennen und es ohne großes Nachdenken zu befolgen scheinen – egal, wer es sagt. Dabei hilft es enorm, wenn Sie zusätzlich ein Handzeichen geben – strecken Sie ihm die flache Hand entgegen und Sie steigern die Chance, dass er gehorcht, erheblich. Unserer eigenen Erfahrung nach setzen viele Hunde in dieser Situation sich nicht hin, sondern bleiben stehen und warten – sie verlagern ihre Aufmerksamkeit von Ihrem Hund auf Sie, und das ist genau das, was Sie möchten.

Effektiv ist auch, eine Handvoll Leckerchen hinter dem fremden Hund auf den Boden zu werfen, damit er von Ihrem Hund abgelenkt ist. Sie können ihm die Leckerchen sogar direkt ins Gesicht werfen, um ihn noch stärker abzulenken. So manch einer hatte auch schon Erfolg damit, den Regenschirm plötzlich aufzuklappen und dem herannahenden Hund entgegen zu halten. Oder Sie versuchen, einen Torwart zu imitieren und verstellen dem anderen Hund mit Ihrem Körper den Weg. Diese Methode birgt allerdings ein etwas höheres Risiko, weil Sie Ihren eigenen Körper in die potenzielle Gefahrenzone bringen. Tun Sie das also nur, wenn Sie bereit sind, ein wenig Risiko zu tragen. Unserer Erfahrung nach sind die meisten Hunde aber so auf den anderen (Ihren) Hund fixiert, dass ihnen gar nicht in den Sinn kommt, Ihnen etwas tun zu wollen. Das müssen Sie selbst aus der Situation heraus entscheiden. Im Idealfall haben Sie den anderen Hund aber schon lange vorher gestoppt und können mit Ihrem unbemerkt davonschleichen, während der ungebetene Besucher Leckerchen aus dem Gras aufsammelt.

Es versteht sich von selbst, dass all diese Geräusche und Bewegungen Ihren Hund dazu bringen können, aus dem »Bleib« aufzustehen. Achten Sie also darauf, dass er im Training viel positive Bestärkung dafür bekommt, dass er seine Position unter allen Umständen hält. Drehen Sie sich zwischen all den seltsamen Verrenkungen, die Sie dem anderen Hund gegenüber machen, also immer wieder einmal zu Ihrem Hund um und belohnen ihn fürs Sitzenbleiben, damit er froh ist, seine Position zu halten – auch wenn er glaubt, dass Sie verrückt geworden sind. Wir selbst loben unseren eigenen Hund in dieser Situation nicht nur mit Futter, sondern auch mit ruhiger Stimme (»Du bist SO ein braves Mädchen, SO schön wartest du!«) während wir dem anderen Hund autoritärere Signale geben.

Meistens sieht das Not-Sitz-Bleib ungefähr so aus: Sie befehlen Ihrem Hund schnell, aber leise sich hinter Sie zu setzen und dort zu bleiben. Sie stellen sich zwischen Ihren und den fremden Hund und teilen letzterem mit autoritären Worten und Gesten mit, dass er sich hinsetzen und bleiben soll. Wenn das funktioniert, werfen Sie eine Handvoll

Leckerchen hinter ihn und gehen mit Ihrem Hund weg, solange er diese aufsammelt. (Vorsicht, geben Sie hier kein Auflösungskommando, sonst würden Sie Ihren eigenen Hund verwirren. Die meisten fremden Hunde werden ohnehin aufstehen, wenn Sie Leckerchen werfen.) Wenn »Sitz und Bleib« nicht funktioniert, werfen Sie dem anderen Hund die Leckerchen direkt ins Gesicht und machen Sie damit so lange weiter, bis Sie sich mit Ihrem Hund entfernen können.

Die meisten unserer Kunden hielten uns für verrückt, wenn wir Ihnen mit dieser Methode kamen. Sie konnten nicht glauben, dass das funktionieren sollte! Es wird auch nicht immer funktionieren, das können wir Ihnen garantieren. Aber es funktioniert beeindruckend oft und ist deshalb wert, dass man es übt und in sein Repertoire aufnimmt,

Andere Optionen für den Notfall

Ein Not-Sitz-Platz ist ein wertvolles Hilfsmittel, aber es ist immer gut, noch ein paar andere Ideen in petto zu haben. Wir liefern Ihnen hier ein paar Anregungen, aber Sie kennen Ihren Hund und Ihre Situationen besser als irgendjemand sonst – machen Sie sich also auch selbst ein paar Gedanken darum, wie Sie schnell handeln könnten, wenn es nötig wird. In einem Notfall haben Sie keine Zeit, über die perfekte Reaktion nachzudenken, also treffen Sie Ihre Entscheidung schon im Vorfeld. So sind Sie dann, wenn Sie es brauchen, geistig darauf vorbereitet, mit effektivem Handeln eine potenzielle Krise in einen Trainingserfolg zu verwandeln.

Einige unserer Kunden haben sich Fluchtwege für den Notfall ausgesucht – Einfahrten, hinter einem Auto oder in eine andere Straße hinein. Wenn es keinen Ausweg gibt, können Sie versuchen, Ihrem Hund eine Handvoll Leckerchen zwei Zentimeter vor die Nase zu halten, um ihn von dem sich nähernden Hund abzulenken und dann so schnell wie möglich in eine andere Richtung zu gehen. Wenn eine Begegnung unvermeidlich ist, achten Sie unbedingt darauf, nicht an der Leine zu zerren: Das würde die Anspannung nur noch steigern und alles schlimmer machen. Bei manchen Hunden und in manchen Situationen kann es sogar helfen, die Leine komplett fallen zu lassen, aber das können wir aus Sicherheitsgründen natürlich nicht generell empfehlen! Sie müssen von Fall zu Fall entscheiden, ob diese Lösung zu verantworten ist. Oft verhalten Hunde sich besser, wenn man sie mit fröhlicher, trällernder Stimme aufmuntert – vorausgesetzt, die Stimme klingt wirklich entspannt. Achten Sie darauf, sich selbst nicht zu verkrampfen oder die Luft anzuhalten – beides verstehen Hunde als Signale für Anspannung und Bedrohung, was nur zur weiteren Aufregung beitragen kann. Atmen Sie also bewusst tief durch und bleiben Sie körperlich locker. Oft hilft es auch, sich umzudrehen, ein, zwei Schritte weit von Ihrem Hund und dem »Besucher« wegzugehen und beide gemeinsam zu einem Spaziergang mit Ihnen aufzufordern anstatt sich darauf zu konzentrieren, dass aus der Begrüßung der Hunde gleich ein Problem entstehen wird.

Was auch immer Ihr Plan ist: Bleiben Sie so ruhig und entspannt wie möglich. Oder versuchen Sie zumindest, so zu tun und atmen Sie tief durch, denn Ihr eigenes Verhalten kann die Situation entweder eskalieren lassen oder entspannen. Und denken Sie daran, dass auch ein unglücklicher Rückschritt nicht gleich bedeutet, dass Ihre ganze bisherige Arbeit umsonst und die schon erreichten Fortschritte zunichte gemacht wurden. Falls es zu einem solchen Rückschritt gekommen ist, organisieren Sie möglichst ein geplantes Trainingstreffen mit einem anderen Hund in einer ähnlichen Situation, aber so, dass Sie und Ihr Hund erfolgreich daraus hervorgehen können. Das wird Ihnen beiden helfen, die unangenehme Überraschungserfahrung wieder da zu lassen, wo sie hingehört, nämlich hinter sich. Und morgen ist wieder ein neuer Tag!

TRAININGSTIPPS ZUM MERKEN

Auch, wenn jede Situation anders ist: Es lohnt sich, noch schnell einmal ein paar Grundregeln zu wiederholen, die über Erfolg und Misserfolg bei jeder Art von Training entscheiden können. Profis aus allen möglichen Fachbereichen weisen immer wieder darauf hin, wie wichtig die sichere Beherrschung der Grundlagen ist. Nehmen Sie sich diesen Hinweis zu Herzen und überlegen Sie, ob Sie die folgenden Punkte wirklich beherrschen.

Haben Sie das, was Ihr Hund möchte?

Bedenken Sie, dass Ihr Hund bestimmt, was eine Bestärkung ist und was nicht. Sie müssen als Erstes herausfinden, wofür Ihr Hund zu arbeiten gewillt ist, damit Sie es schaffen, bei schwacher bis mäßiger Ablenkung seine Aufmerksamkeit auf sich zu ziehen. Geben Sie nicht auf, bis Sie etwas gefunden haben, das funktioniert. (Wir selbst haben schon Kaninchenfell, tote Tauben, gebrauchte Papiertaschentücher und Schafsköttel durch, neben den Klassikern wie Hühnchen, Leber, Tennisbällen und Quietschspielzeugen.) Vergessen Sie nicht, dass auch das gute alte Fangspiel für viele Hunde ein toller Bestärker ist, besonders für solche, die auch bei gutem Futter eher die Nase rümpfen.

Beginnen Sie in einfachen Situationen

Behalten Sie Ihr Endziel – an einem anderen Hund auf dem Bürgersteig ruhig vorbeigehen – im Auge, aber bedenken Sie, dass Sie es nur dann erreichen, wenn Sie auf dem Weg dahin nicht zu große Schritte machen. Überlegen Sie gut, wie Sie nach und nach in Situationen üben können, die dem Endziel allmählich immer näher kommen. Schritt für Schritt, langsam, aber stetig – auch Rom wurde nicht an einem Tag gebaut! So simpel das auch klingt: Genau dieser Gesichtspunkt wird beim Hundetraining von Anfängern am häufigsten vernachlässigt. Konzentrieren Sie sich also darauf, immer nur einen Schritt auf einmal zu machen, wenn Sie Ihren Hund trainieren, denn das scheint uns Menschen sehr schwer zu fallen – obwohl es eigentlich auf der Hand liegt.

Beginnen Sie in einer völlig ablenkungsfreien Umgebung und arbeiten Sie sich dann langsam zu leichten, mittleren und starken Ablenkungen vor. Das gilt sowohl innerhalb jeder Übungseinheit als auch von einer Übungseinheit zur nächsten.

Richtiges Wiederholen ist entscheidend

Richtiges Wiederholen bedeutet nicht, dass Sie in jeder Übungseinheit zwanzig Mal hintereinander »Schau« von Ihrem Hund verlangen sollten. Es bedeutet vielmehr, dass Sie genau so viel üben müssen, dass die geforderten Dinge für Ihren Hund zur zweiten Natur werden. Im Anfangsstadium des Trainings wird Ihr Hund am schnellsten lernen, wenn jede Übungseinheit mehrere Wiederholungen enthält. Sie könnten zum Beispiel durchaus in einer zehnminütigen Trainingseinheit mit dem Hund eines Freundes dreiundzwanzig Mal »Schau« verlangen. Wir haben die besten Erfahrungen damit, fünf bis sieben Mal hintereinander »Schau« zu verlangen, dann dem Hund eine Pause zu gönnen (Bauch kraulen, am Boden herumschnüffeln) und anschließend weiterzumachen.

Die einfachste Übung sollte dabei immer zuerst kommen. Wir machen die einfachste Übung immer gerne ein bis zwei Mal hintereinander, dann auf gesteigerter Schwierigkeitsstufe ebenfalls ein bis zwei Mal und anschließend (aber nur dann, wenn es bis hierher gut geklappt hat) nochmals etwas schwieriger, wieder ein bis zwei Mal. Allerdings raten wir Ihnen, nicht immer mit dieser gleichmäßigen Steigerung zu arbeiten. Manchmal ist es besser, nach ein paar Wiederholungen auf der einfacheren Stufe aufzuhören und manchmal besser, unterwegs zur schwierigeren Stufe zwischendrin immer mal wieder eine ganz einfache Anforderung einzubauen.

Wenn Sie beispielsweise beim letzten Üben von »Schau« mit einem fremden Hund in zehn Metern Entfernung gearbeitet haben, könnten Sie nun »Schau« mit einem fremden Hund in folgenden Entfernungen – in dieser Reihenfolge – arbeiten: 15 Meter, 12 Meter, 10 Meter, 5 Meter, 5 Meter, 4 Meter, 10 Meter. Die tatsächliche Entfernung hängt natürlich immer vom Hund ab, aber das meiste Üben sollte an den mittleren Schwierigkeitsstufen stattfinden, anstatt gleich ohne Übergang vom Leichten zum Schweren zu springen.

Sobald Ihr Hund die Sache beherrscht, verlangen Sie immer wieder mal zwischendurch nur ein einziges Mal Anschauen oder Kehrtwendung und machen dann etwas anderes, wenn es gut funktioniert hat. Wichtig ist vor allem, mit einer guten Leistung aufzuhören und sicherzustellen, dass Ihr Hund sich freut, Ihnen gehorcht zu haben.

Seien Sie flexibel

Nur weil Ihr Hund gestern eine fantastische Leistung gezeigt hat, heißt das noch lange nicht, dass er das heute wieder tut. Lassen Sie sich davon nicht zurückwerfen. Vielleicht ist er aufgeregt, weil es draußen so stürmisch ist, weil irgendwo ein fremder Hund bellt oder vielleicht hat er etwas gefressen, das ihm schwer im Magen liegt. Vielleicht hat er sich um elf Uhr aufgeregt, weil er in der Nachbarschaft einen neuen Welpen gesehen und das jetzt um zwei Uhr immer noch nicht vergessen hat, auch, wenn Sie das meinen. Es gibt viele mögliche Ereignisse im Laufe eines Tages, die den Grunderregungszustand Ihres Hundes verändern können, ohne dass Sie es nach außen hin sehen – aber Sie merken es, wenn Sie eine Alte-Angeber-Übung von ihm verlangen.

Wenn Sie nicht herausfinden können, warum Ihr Hund sich heute anders benimmt als sonst, machen Sie sich darum nicht zu viele Gedanken. Hunde sind auch nur Menschen – sie können gute und schlechte Tage haben. Grübeln Sie nicht darüber nach, warum Goldie wohl einen schlechten Tag hat, sondern machen Sie einfach das Beste aus der Situation. (Das gilt nicht, falls Ihr Hund beständig immer schlechter statt besser werdende Leistungen zeigt – dann sollten Sie Ihr Vorgehen unbedingt überdenken!)

Das Beste aus der Situation zu machen heißt, dass Sie – bildlich gesprochen – die Latte an diesem Tag nur so hoch legen, wie Ihr Hund sie auch nehmen kann. Man braucht viel Flexibilität und Vertrauen, um sich nicht in den eigenen Erwartungen festzufahren und immer mit dem zu arbeiten, was man eben gerade an diesem Tag hat. Rufen Sie sich das jeden Tag wieder in Erinnerung! Vielen Menschen hilft es, ein Trainingstagebuch zu führen: So behalten Sie das Gesamtbild im Blick und lassen sich von kleineren Ausrutschern unterwegs nicht so schnell aus der Bahn werfen.

Hundetrainer und wissenschaftlich arbeitende Ethologen wissen: Auf einen scheinbaren Rückschritt folgt oft ein besonders großer Lernfortschritt. Halten Sie also durch, legen Sie die Latte niedriger, wenn Ihr Hund Probleme hat und freuen Sie sich auf den nächsten Anstieg der Erfolgskurve.

Aufhören, wenn es am schönsten ist

Falls Ihr Hund mit einer bestimmten Übung Schwierigkeiten hat, schrauben Sie die Anforderungen wieder so weit herunter, dass er mit einem Erfolg abschließen kann. Falls er aber im Gegenteil so tolle Leistungen zeigt, dass Sie ganz begeistert sind, hören Sie unbedingt mit Üben auf, bevor Sie zu viel verlangen und den Misserfolg damit vorprogrammieren. Eine Freundin von uns fasste diesen häufigen, unabsichtlichen Trainingsfehler einmal sehr schön in Worten zusammen, als sie feststellte. »Du meine Güte. Mir ist gerade klar geworden, was ich von meinem Hund verlangt habe: Dass er die Übung so lange wiederholen soll, bis er einen Fehler macht!«

Durch Versuch und Irrtum haben wir auch herausgefunden, dass man am besten genau dann aufhören sollte, wenn es einem am schwersten fällt. Hören Sie auf, wenn Sie voller Begeisterung über Ihren tollen Hund sind und am liebsten unbedingt weitermachen möchten – bevor die nächste Übung vielleicht schiefgeht. Bedenken Sie außerdem, dass viele Hunde zwischen den Übungseinheiten Fortschritte machen und nicht darin. Versuchen Sie also nicht, irgendetwas zu erzwingen, wenn es Ihnen so vorkommt, als ob Sie nur auf der Stelle treten würden. Hören Sie mit einer guten Leistung des Hundes auf, auch wenn Sie dazu einen oder zwei Schritte zurückgehen mussten, und überprüfen Sie den Fortschritt dann in der nächsten Übungseinheit.

VORBEUGUNG

Vorbeugen ist besser als ...

In gewisser Weise ist die Reaktion Ihres Hundes auf andere Hunde so etwas wie eine schlechte Angewohnheit. Immer wenn er bellt und eine Show macht hat er Ähnlichkeit mit einem Raucher, der eigentlich aufhören möchte, aber »nur noch eine Zigarette« raucht. Deshalb ist alles richtig, was Ihnen hilft, einen unerfreulichen Begegnungs-Zwischenfall zu verhindern. Vorbeugen bedeutet nicht Aufgeben. Es ist vielmehr eine Möglichkeit, den Hund vor Situationen zu bewahren, die ihn überfordern oder verängstigen könnten und die ihn in seinen alten schlechten Gewohnheiten stärken würden.

Vermutlich haben Sie sich in der Vergangenheit schon viel Mühe gemacht, um Hundebegegnungen in Ihrer Nachbarschaft zu vermeiden. Es kann aber nie schaden, sich auch jetzt noch einmal zu überlegen, wie Sie Schwierigkeiten aus dem Weg gehen, während Sie Ihrem Therapieplan folgen. Die meisten Besitzer von alten Angebern gehen mit ihren Hunden zu ruhigeren Tageszeiten spazieren. (Um halb sechs Uhr abends spazieren zu gehen kann aber unserer Erfahrung nach mit so gut wie jedem Hund zu Problemen führen!) Falls Sie einem anderen Hund begegnen, zögern Sie nicht, die Straßenseite zu wechseln oder umzudrehen und in die andere Richtung zu gehen. Damit das möglich ist, sollten Sie am besten verkehrsarme Straßen auswählen. Natürlich meiden Sie schon Orte, an denen Sie frei laufenden Hunden begegnen könnten, aber achten Sie vielleicht auch auf Grundstücke mit hohen Hecken oder Sichtschutzzäunen, die herannahende Hunde vor Ihren Blicken verbergen könnten, bis sie schon ganz nah sind. Das Wichtigste ist: Wenn irgendeine Situation Ihnen Sorgen macht, dann gehen Sie ihr aus dem Weg. Viele unserer Kunden haben in der Anfangsphase des Trainings ganz auf Spaziergänge in ihrer Nachbarschaft verzichtet und andere Möglichkeiten gesucht, wie sie ihre Hunde bewegen können. Sie sind nicht feige, wenn Sie Problemen aus dem Weg gehen. Sie sind ein kluger und bedachter Hundebesitzer mit einem sorgfältig ausgeklügelten Therapieplan.

Auch zuhause sind Manieren wichtig

Bedenken Sie, dass Ihr Hund immer lernt, egal, ob Sie gerade mit ihm trainieren oder nicht. Und weil das so ist, ist es so wichtig, dass Ihr Hund tagsüber zuhause nicht wieder das verlernt, was Sie ihm während der geplanten Übungszeiten beizubringen versuchen. Häufig passiert das in Häusern, in denen die Hunde aus dem Fenster oder hinter dem Grundstückszaun hervor anderen Hunden nachbellen können. Wenn Sie Ihrem Hund gerade ein Alternativverhalten zu Bellen und Attackieren beizubringen versuchen, werden Sie es nicht weit bringen, wenn er zuhause weiterhin alle vorbeikommenden Hunde »anmacht«. Wenn er aus dem Wohnzimmer heraus oder vom Hof aus andere Hunde anbellen kann, warum sollte er es dann nicht auch tun, wenn er mit Ihnen unterwegs ist?

Verhindern Sie also, dass er in Ihrer Abwesenheit bellt, indem Sie ihm den Blick auf möglicherweise vorbeikommende Hunde versperren. Ziehen Sie die Vorhänge zu, stellen Sie Pappe ins Fenster oder bringen Sie den Hund in einen Raum, aus dem er nicht auf die Straße sehen kann. Würden Sie ein fünfjähriges Kind mit einer unbegrenzten Menge an frei zugänglichen Süßigkeiten alleine zuhause lassen? Sicher nicht. Unterstützen Sie also auch Ihren Hund, indem Sie einfach die Versuchung von ihm nehmen, wenn Sie selbst nicht anwesend sind. Das gilt auch für Ihren Hof oder Garten – lassen Sie Ihren Hund nicht unbeaufsichtigt dort, wenn die Möglichkeit besteht, dass er von dort aus vorbeikommende Hunde anbellt.

Wenn Sie zuhause sind und Zeit haben, verlangen Sie von Ihrem Hund die gleichen Reaktionen wie draußen auf dem Spaziergang, wenn er einen anderen Hund anbellen möchte. Sagen Sie »Schau«, sobald er einen sich nähernden Hund erspäht hat und belohnen ihn sofort mit etwas wirklich Gutem. Denken Sie daran: Das Schwierigste für Ihren Hund ist, seinen Kopf von dem anderen Hund abzuwenden – bestärken Sie also genau in dem Augenblick, in dem der Kopf zu Ihnen herumkommt. Im Beispiel mit dem Fenster motivieren Sie Ihren Hund gleichzeitig dazu, seinen Kopf abzuwenden und vom Fenster wegzugehen. Sagen Sie »Schau!« und in dem Moment, in dem er Ihnen seinen Kopf zuwendet, »genug!« und laufen ein paar Schritte ins Haus hinein, wobei Sie ihn zum Mitkommen auffordern. Geben Sie ihm dann das Leckerchen oder werfen Sie es weit genug entfernt vom Fenster auf den Boden, damit er lernt, den Platz am Fenster zu verlassen, sobald ein anderer Hund vorbeigeht.

Hunde, die verrückt nach Spielzeug sind, lassen sich in ihrer Aufmerksamkeit besonders leicht von den Geschehnissen auf der Straße aufs Hausinnere umlenken. Sagen Sie »Schau«, sobald er draußen einen anderen Hund sieht, geben Sie ihm ein klares Auflösungskommando und werfen ein Spielzeug in Richtung weg vom Fenster. Viele Hunde nehmen schon nach ein paar Wiederholungen das Kommando »Schau« vorweg, drehen sich sofort um und rennen nach dem Spielzeug. Wow! Was für ein Hund! Für diese selbst initiierte Reaktion hat er, genau wie beim »Selbstgucker«, einen Jackpot verdient. Für ballverrückte Hunde tut ein gemeinsames Bällchenspiel die gleichen Dienste.

Was auch immer Sie tun, um das richtige Verhalten zu bestärken: Tun Sie es mit Freude und arbeiten Sie weiter daran, das Problemverhalten durch ein anderes, für Sie und Ihren Hund akzeptables Verhalten zu ersetzen. Ob Sie dazu Leckerchen oder Spielzeug benutzen ist egal, wichtig ist nur, dass Ihr Hund eine neue Reaktion auf sich nähernde Hunde lernt – sei es bei Ihnen zuhause oder draußen unterwegs. Ihr Job ist, ihm beizubringen: Auf Annäherung eines anderen Hundes reagiert er automatisch damit, dass er sich von diesem ab- und etwas anderem zuwendet – sei es, dass er Ihnen ins Gesicht schaut, ein Leckerchen anschaut, sich auf Sie oder auf ein Spielzeug zu bewegt.

Wir haben die besten Erfolge damit erzielt, sowohl bei sich zufällig ergebenden Gelegenheiten zu üben als auch in organisierten Trainingsstunden, für die Treffen mit befreundeten Hundehaltern zu festen Orten und Zeiten vereinbarten. Achten Sie immer darauf, Ihre Leckerchen oder sonstigen Bestärkungen leicht greifbar dabei zu haben, damit Sie immer auf unerwartete Begegnungen reagieren können.

Im Auto

Das Bellen aus dem Auto heraus ist eine weitere Sache, die höflichem Benehmen an der Leine anderen Hunden gegenüber entgegenwirken kann. Vermeiden Sie auch hier Situationen, in denen der Hund alleine im Auto ist und unkontrolliert alle vorbeikommenden Hunde wie ein Wahnsinniger anbellen kann. Geschlossene oder abgedeckte Transportboxen können deshalb sehr praktisch sein, wenn Sie selbst fahren und sich nicht gleichzeitig dem Hund widmen können. Falls jemand anderer am Steuer sitzt oder Sie mit Ihrem Hund im parkenden Auto sitzen, dann trainieren Sie wie gewohnt: Verlangen Sie »Schau«, wenn Sie beide einen anderen Hund kommen sehen oder muntern Sie ihn einfach mit Lob und Leckerchen auf.

Am besten funktioniert das Training, wenn Sie an einem Ort parken können, an dem mit Sicherheit andere Hunde vorbeikommen. Futterfachmärkte, Hundeschulen oder Tierarztpraxen sind immer eine gute Wahl. Parken Sie Ihr Auto in einer Entfernung zu den Hunden, die Ihr Hund ertragen kann und spielen Sie das Anguck-Spiel genau so, wie Sie es auch beim Spazierengehen tun. Viele Hunde benehmen sich im Auto noch schlimmer als auf dem Bürgersteig – seien Sie also nicht überrascht, wenn Ihr Hund in dieser Situation jetzt vielleicht Rückschritte macht. Wenn

Sie auf den Spaziergängen hart mit Ihrem Hund trainieren, dürfen Sie sich im Auto auch durchaus eine Atempause gönnen und den Hund in eine Box sperren. Sie müssen sich deshalb kein bisschen schuldig fühlen. Für Ihren Hund ist es ohnehin immer sicherer, in einer Box anstatt frei im Auto mitzufahren, egal, wie er sich verhält.

SONDERFÄLLE
HUND?
WELCHER HUND?
ICH SEHE KEINEN HUND!

Manche Hunde haben so große Angst vor fremden Hunden, dass sie sie bestenfalls erst dann anschauen möchten, wenn der andere sozusagen schon auf ihnen draufsitzt. Wir hatten selbst eine inzwischen verstorbene Hündin namens Misty, die so viel Angst vor anderen Hunden hatte, dass sie immer wegschaute, wenn es irgendwie nur ging und der andere nicht gerade direkt vor ihrem Gesicht stand. Auf den ersten Blick wirken Hunde wie Misty so, als ob sie den anderen Hund gar nicht bemerkt hätten, aber wenn Sie genauer hinsehen, werden Sie feststellen, dass sie nie in eine bestimmte Richtung schauen, nämlich in die des anderen Hundes. Solche Hunde haben nur zwei Reaktionen auf andere Hunde: So zu tun, als ob er andere gar nicht da wäre, falls er dazu weit genug entfernt ist, oder aber in Knurren, Bellen und Zähnefletschen zu explodieren, wenn er zu nahe gekommen ist.

Die Übung »Schau« wird nicht helfen, wenn Ihr Hund so große Angst vor anderen Hunden hat, dass er sie nicht einmal anschaut. Falls Sie einen solchen Hund besitzen, bringen Sie ihm zuerst bei, auf Ihr Signal hin andere Hunde anzuschauen. Wir nennen das »Wo ist der Hund?«. Damit kann man gut denjenigen (wenigen) Hunden helfen, die so viel Angst haben, dass sie eine kleine Extra-Unterstützung brauchen, bevor man mit ihnen am Anschauen und der Kehrtwendung üben kann. Bevor Sie weiterlesen: Diese

Technik hilft wirklich nur bei einem kleinen Prozentsatz der leinenaggressiven Hunde.

»Wo ist der Hund?« ist für die meisten Hunde nicht nur unnötig, sondern kann bei einigen sogar zu Problemen führen. Der letzte Hund, dem man es beibringen sollte, ist einer, der auf die Annäherung eines Artgenossen mit Erstarren und drohenden, starrenden Blicken reagiert. Es taugt auch nicht für Hunde, die mit Wegschauen auf andere reagieren und bei Begegnungen ihren Kopf zur Seite drehen, um Blickkontakt zu vermeiden und sozialen Spannungen aus dem Weg zu gehen (in gewisser Weise ähnelt dies der Übung »Schau«). Gewöhnen Sie Ihrem Hund diese wertvolle Geste nicht ab, sie ist wichtig für sein soziales Repertoire. Es gibt nur einen einzigen Typ von Hund, der von »Wo ist der Hund?« profitiert – nämlich der, der es konsequent vermeidet, alle fremden Hunde anzuschauen, egal, wie weit diese weg sind, aber der zur Attacke übergeht, wenn der andere zu nahe kommt.

»Wo ist der Hund?« lernen

Beginnen Sie wie mit jeder neuen Übung in einer Umgebung mit wenig Ablenkungsreizen. Da Sie »Wo ist der Hund?« nicht ohne einen zweiten Hund üben können, müssen Sie gut überlegen, wo Sie Ihre erste Übungsstunde abhalten. Es muss einer sein, an dem der andere Hund von einem Zaun oder von einer Leine begrenzt wird, damit Sie die Kontrolle darüber behalten, wie groß die Entfernung zwischen beiden Hunden ist. Sie müssen sich darauf verlassen können, dass der andere Hund nicht zu nahe kommt und bei Ihrem den Auslöseknopf drückt. Ihren Hund halten Sie entweder dadurch entspannt, dass Sie weit genug von dem anderen Hund wegbleiben oder dass Sie mit einem Hund arbeiten, den Ihr Hund gut kennt und gegenüber dem er sich höflich benimmt. Versteht sich von selbst, dass ein solcher befreundeter Hund, auf den Ihrer positiv reagiert, viel näher kommen kann als ein Fremder.

Im Idealfall haben Sie ein paar gute Freunde, die Hunde genauso gerne mögen wie Sie, die ruhige, freundliche Hunde haben und sich dazu bereit erklären, Ihnen ein paar Mal pro Woche zu verabredeten Zeiten auf dem Bürgersteig entgegen zu kommen. Ja gut, klar, das ist wie gesagt der Idealfall. Wenn Ihnen kein ganzer Club von Menschen zur Verfügung steht, die alle nichts Besseres zu tun haben, als Ihnen bei der Hundeerziehung zu helfen, dann suchen Sie sich einen Ort aus, an dem Sie nur auf angeleinte Hunde treffen (Eingang zur Hundeschule oder zur Tierarztpraxis) und stellen sich in gebührendem Abstand in Position. Der andere Hund muss so nah sein, dass Ihr Hund ihn bemerkt, aber auch weit genug entfernt, dass er ruhig bleibt und weiterhin in der Lage ist, auf Sie zu achten. Wenn Ihnen hierbei ein Freund zur Seite stehen kann, umso besser – es schadet nie, wenn im Zweifelsfall jemand helfen kann.

Wenn der andere Hund in Sichtweite kommt, sagen Sie mit fröhlicher, klarer Stimme »Wo ist der Hund?«. Falls Ihr Hund den anderen Hund jetzt durch irgendein Wunder anschaut, markieren Sie dieses Verhalten sofort, indem Sie »gut!« sagen oder mit der Zunge schnalzen, falls Ihr Hund clicker-gebildet ist. Dann geben Sie ihm innerhalb der nächsten Sekunde ein wirklich gutes Leckerchen. Timing ist im gesamten Training wichtig, aber dieses Signal erfordert ein ganz besonders genaues Timing, weil es sonst für den Hund sehr schwierig herauszufinden ist, für was er denn bestärkt wird. Hat er das Leckerchen dafür bekommen, dass er nach links geschaut hat, den Besitzer des anderen Hundes angeschaut hat oder etwas, das sich bewegt? Es ist gar nicht so einfach, sicher zu sein, dass der Hund versteht, für was er bestärkt wird. Helfen Sie ihm also, indem Sie so präzise wie möglich sind. Eine ideale Situation für den Einsatz des Aufmerksamkeit weckenden und präzisen Clickers!

Er will den anderen Hund nicht anschauen und dieses Buch nicht lesen

Falls Ihr Hund den anderen nicht anschauen möchte (das ist ja immerhin das Problem, an dem Sie arbeiten!), dann versuchen Sie nicht, ihn zu zwingen. Vermeiden Sie Hinzeigen und schmeichelndes Zureden, von Bitten und Betteln ganz zu schweigen, denn das wird nur dazu führen, dass der Hund weiter auf Sie achtet. Viel effektiver ist, wenn der Führer des anderen Hundes im Kreis geht oder ein paar Schritte zur Seite macht. Die meisten Hunde fühlen sich von Bewegung angezogen, selbst, wenn sie sie nur aus dem Augenwinkel wahrnehmen. Versuchen Sie es also zu arrangieren, dass der andere Hund sich bewegt und fragen dann in diesem Moment »Wo ist der Hund?«. Der andere Hundebesitzer könnte auch ein Geräusch machen wie Räuspern, Schnalzen oder in die Hände klatschen, aber lassen Sie diese Unterstützung so schnell wie möglich wieder weg.

Ihr Hund soll ja andere Hunde anschauen, nicht andere Menschen. Bei sehr schwierigen Fällen formen Sie das Verhalten am besten, indem Sie schon den kleinsten Ansatz zur gewünschten Reaktion belohnen, auch wenn das nur ein Blick in Richtung des anderen Hundes und nicht auf den anderen Hund direkt ist.

Wenn sich die Gelegenheit bietet

Falls Ihr Hund von sich aus gerade einen anderen Hund angeschaut hat, dann greifen Sie diese einmalige Gelegenheit beim Schopf und nutzen sie aus. Sagen Sie »gut!« und belohnen ihn mit einem Jackpot, damit er genau wie Sie begeistert über den ganzen Vorgang ist. Wenn Sie anfangs mit anderen Hunden in großer Entfernung geübt haben und Ihre Bestärkung gut genug ist, wird Ihr Hund vermutlich schon nach drei bis fünf Mal üben anfangen, von sich aus andere Hunde anzuschauen. Sobald er dieses Verhalten verlässlich anzubieten beginnt, können Sie anfangen, an »Schau!« zu arbeiten. Zu unserem großen Vorteil entwickelt sich aus »Wo ist der Hund?« oft ganz von alleine ein »Schau«. Hunde, denen man »Wo ist der Hund?« beigebracht hat, lernen schnell, in Erwartung eines Leckerchens ihre Besitzer anzuschauen, nachdem sie den anderen Hund angesehen haben. Das klingt doch wie »Schau«, oder? Es gibt also gar keinen Grund, entmutigt zu sein, wenn Ihr Hund zuerst »Wo ist der Hund« lernen muss, bevor Sie ihm »Schau« beibringen. Er teilt Ihnen nur mit, wie viel Angst er vor anderen Hund hat und wird Ihnen sehr dankbar dafür sein, dass Sie ihm aus dieser Lage herauszuhelfen versuchen.

DANN GEH ICH EBEN

Diese Technik, in der der Besitzer sich einfach umdreht, weggeht und seinen Hund alleine stehen lässt, falls dieser sich aggressiv benimmt, wurde zuerst von John Fisher beschrieben. Nach Fisher soll der Besitzer seinen Hund sofort bei irgendeinem Anzeichen rüpelhaften Benehmens alleine lassen, meistens, indem er durch eine gut platzierte Tür verschwindet. Mehrere amerikanische Top-Hundetrainer, darunter Trish King von der Marine Humane Society und Pia Silvani vom St. Hubert's Animal Welfare Center, haben ihre eigenen Versionen dieser Methode entwickelt, die, wenn man sie am richtigen Hund anwendet, zu dramatischen Erfolgen führen kann.

Am besten funktioniert diese Methode bei Hunden, die ein bisschen unsicher sind und sehr an ihrem Besitzer kleben. Außerdem ist sie gut für Hunde, die auf alle anderen Artgenossen problematisch reagieren (nicht nur einen bestimmten Typ von Hund) und für Hunde, deren schlechtes Verhalten an der Leine noch nicht allzu lange Zeit besteht. Sie kann auch bei Hunden funktionieren, deren Verhalten umso schlechter wird, je näher sie bei ihrem Besitzer sind. Manche dieser Hunde sind besitzergreifend in Bezug auf Ihren Menschen und reagieren aggressiv auf Hunde, die ihm zu nahe kommen. Die Besitzer berichten dann oft, ihr Hund wolle sie »beschützen« – tatsächlich beschützt er aber nur seinen eigenen Anspruch auf diesen Menschen. »Sie ist mein Knochen und ich teile nicht mit dir«, könnte dann die Übersetzung seines wilden Gebells lauten. Wenn das bei Ihrem Hund der Fall ist und das, was er haben möchte,

Zugriff auf Sie ist, dann kann es sehr wirkungsvoll sein, wenn Sie sich selbst bei Anzeichen groben Verhaltens »wegnehmen«.

Eine Version der Technik ist, dass der Besitzer beim kleinsten Anzeichen aggressiven Verhaltens seines Hundes auf dem Absatz kehrt macht und wie wild in die andere Richtung davonrennt. Dabei macht er im Gegensatz zu den vorher erwähnten Kehrtwendungen keine Anstalten, den Hund zum Mitkommen aufzufordern, sondern benutzt vielmehr ein Wortsignal wie »tschüss« oder »Pech«, wirft dem Hund die Leine als Berührungssignal (nicht als Strafe!) über den Rücken und flitzt davon, den Hund alleine im Regen stehen lassend. Diese dramatisch klingende Methode ist aber trotzdem ungefährlich, weil ein Helfer den Hund zusätzlich an einer sechs Meter langen Schleppleine hält und ihn damit im Notfall sichern kann. Die Schleppleine soll den Hund in keiner Weise einschränken, sondern lediglich verhindern, dass er sich auf andere Hunde stürzt oder sich allgemein zum Idioten macht. Ein Vorteil dieser Methode ist, dass der Besitzer sich umdrehen und wegrennen kann, ohne sich Sorgen machen zu müssen, was sein Hund nun tun wird.

Wie immer beginnen Sie das Training so, dass alles nicht anders als nach Plan verlaufen kann. Lassen Sie einen Freund mit einem ruhigen, angeleinten Hund auf sich und Ihren Hund zukommen. Sie sind mit einer normalen Leine und einer langen Schleppleine ausgerüstet, die ein weiterer, gut instruierter Freund festhält. Beim ersten Anzeichen dafür, dass Ihr Hund sich aufzuregen beginnt, um Beispiel durch Steifmachen des Körpers oder Knurren, sagen Sie schnell »tschüss«, werfen ihm Ihre Leine über den Rücken, drehen sich um und rennen weg. Der Helfer an der Schleppleine rennt mit dem Hund mit und passt auf, dass er ihn nicht unabsichtlich stoppt, wenn er sich umdreht und Ihnen hinterher rennt. Hat Ihr Hund Sie eingeholt, belohnen Sie ihn mit einem Jackpot, als ob er gerade eine Weltsiegerausstellung gewonnen hätte.

Wir nehmen an, dass es für alle Hunde eine große Bestärkung ist, hinter ihrem Besitzer herlaufen zu können. Die meisten Hunde rennen gerne mit ihren Menschen zusammen und viele kommen selten bis nie in diesen Genuss. Unserer Meinung nach wird diese wunderbare Möglichkeit der Bestärkung sehr unterschätzt. Auch wenn das Stehenlassen vielleicht nichts für Ihren Hund ist, könnten Sie überlegen, ein kleines Stück gemeinsamen Rennens als Belohnung nach einer gelungenen Kehrtwende in Ihr Repertoire mit aufzunehmen. Kehrtwendungen und das Stehenlassen haben gewisse Gemeinsamkeiten: In beiden Fällen dreht sich der Besitzer schnell von einem sich nähernden Hund weg und der eigene Hund lernt, dass es Spaß macht, ihm dabei zu folgen. Kehrtwendungen gehen aber davon aus, dass Sie dem Hund die Handlung als ein Verhalten beibringen, das Sie mit langsam steigendem Schwierigkeitsgrad sorgfältig formen und bestärken. Das Stehenlassen bringt dem Hund nicht so sehr bei, was »richtig« ist, sondern schafft vielmehr eine Konsequenz für »falsches« Verhalten. Bei Hunden, die sehr an ihren Besitzern kleben, kann diese Konsequenz in der Tat sehr machtvoll sein!

Eine andere Version des Stehenlassens ist, dass der Hund in einem geschlossenen Raum sicher an einem festen Gegenstand angebunden und gleichzeitig vom Besitzer an der Leine gehalten wird. Nun wird ein anderer Hund in Sichtweite gebracht. Zeigt der alte Angeber Anzeichen für Aggression, lässt der Besitzer abrupt die Leine fallen und geht aus dem Raum. Der Angeber steht nun also alleine da und muss sehen, wie er zurechtkommt. Der andere Hund wird natürlich sicher an der Leine gehalten und muss ruhig stehen bleiben. Sobald der alte Angeber mit angeben aufhört, kommt der Besitzer wieder hinein. Das funktioniert sehr gut bei Hunden, die stark an ihren Besitzern kleben und einfach baff sind, wenn diese verschwinden. Wir kombinieren das stets mit viel positiver Bestärkung, sodass der Hund gleichzeitig lernt, ein gutes Verhalten zu zeigen und das unerwünschte zu unterdrücken.

Ob die Methode des Stehenlassens bei Ihrem Hund funktioniert, werden Sie nach spätestens drei oder vier Versuchen herausgefunden haben. Wenn es auch nach mehreren Versuchen nicht funktioniert, ist es vermutlich nicht die richtige Methode für Sie. Wir möchten nicht sagen, dass Sie eine Wunderheilung Ihres Hundes erwarten sollen, aber Sie sollten doch zu einem relativ frühen Zeitpunkt einen sehr deutlichen Fortschritt erkennen können. Ist das nicht der Fall, haben Sie vielleicht einen Hund, der sich durch Bewegung eher noch mehr aufregen lässt und für den es besser sein wird, wenn Sie mit ihm das ruhige Konzentrieren im Rahmen des Anschauens (»Schau!«) üben.

... UND ZUM SCHLUSS

Um mit einem alten Angeber erfolgreich arbeiten zu können, müssen Sie ein bisschen zum Pfadfinder werden – allzeit bereit. Mit Vorbeugung, einem Notfallplan, einem soliden »Schau!« und der gut eingeübten Kehrtwendung können Sie und Ihr Hund mit so gut wie jeder Situation umgehen. Allerdings, das geben wir zu, kann das eine Menge Arbeit bedeuten. Das aber ist, so meinen wir, auf jeden Fall die Mühe wert, wenn nachher die Nachbarn von Ihnen als Besitzer des Vorzeigehundes schlechthin sprechen. Allein das ist Belohnung genug. Wir wünschten, wir könnten Ihnen etwas mehr positive Bestärkung dafür zukommen lassen, dass Sie so ein verantwortungsvoller Hundebesitzer sind. Vielleicht ein Stückchen Schokolade? Und klar, Ihr Hund verdient seinen eigenen Jackpot. Leider ist die Schokolade in der Druckpresse geschmolzen, also beschränken wir uns auf ein einfaches Dankeschön dafür, dass Sie sich so viele Gedanken um die guten Manieren Ihres Hundes machen. Viel Glück, bleiben Sie guten Mutes und richten Sie Ihrem Hund aus, dass das Leben wirklich schon bald viel schöner werden wird!

Patricia B. McConnell
DAS ANDERE ENDE DER LEINE
Was unseren Umgang mit Hunden bestimmt

Dies ist kein Buch über Hunde-, sondern eines über Menschenerziehung! Intelligent, wissenschaftlich, humorvoll und oft verblüffend erklärt die Autorin, welche typischen Missverständnisse zwischen dem »Affen« Mensch und dem »Wolf« Hund einer ungetrübten Beziehung oft im Wege stehen. Zahlreiche Aha-Erlebnisse und vergnügtes Schmunzeln sind beim Lesen garantiert.

256 Seiten, s/w-Fotos, ISBN 978-3-933228-93-2
19,90 € (D) 20,50 € (A) 34,90 CHF

Patricia B. McConnell
LIEBST DU MICH AUCH?
Die Gefühlswelt bei Hund und Mensch

Die Autorin untersucht in diesem spannenden Buch die Frage, ob und wie Hunde mit uns die gleichen Gefühle teilen. Die von der Forschung lange vernachlässigte Frage »Können Tiere fühlen?« wird hier auf unterhaltsame wie wissenschaftliche Weise beantwortet.

364 Seiten, s/w-Fotos, ISBN 978-3-938071-37-3
19,90 € (D) 20,50 € (A) 34,90 CHF

McCONNELLS ERZIEHUNGSKISTE

Fünf Titel zu Erziehungs- und Verhaltensfragen im attrakiven Sammelschuber.
Limitierte Sonderausgabe!
Eine »Kiste« voller praxisnaher Tipps, die wirklich funktionieren.

Enthält die Titel:

- **Alter Angeber!**
  Leinenaggression bei Hunden verstehen und beheben

- **Kleine Geschäftskunde**
  So wird Ihr Hund stubenrein

- **Waldi allein zuhaus**
  Wenn Hunde Trennungsangst haben

- **Trau nie einem Fremden!**
  Angstbedingtes Verhalten bei Hunden erkennen und beheben

- **Einmal Meutechef und zurück**
  Mit mehreren Hunden leben

ISBN 978-3-938071-55-7
34,90 € (D) 35,90 € (A) 60,40 CHF
(Alle Titel auch einzeln erhältlich)

Patricia B. McConnell/ Aimee M. Moore
DIE HUNDEGRUND-SCHULE
Ein Sechs-Wochen-Lernprogramm

Die Essenz aus Verhaltensforschung, modernen Lerntheorien und vielen Jahren Erfahrung wurde hier ganz praxisnah und umsetzbar zu einem Basis-Trainingsprogramm komprimiert, das Hund und Mensch in sechs Wochen zu einem guten Team werden lässt. Dabei muss der Mensch ebenso seine Hausaufgaben machen, wie der Hund – aber bei allem Ernst der Lage nie ohne Freude und Motivation.

Hier erfahren Sie, wie Ihr Hund stets das macht, was Sie möchten und Sie trotzdem als seinen allerbesten Freund betrachtet.

ISBN 978-3-938071-49-6
19,90 € (D) 20,50 € (A) 34,90 CHF